FACULTÉ DE DROIT DE PARIS.

DE LA SÉPARATION DES PATRIMOINES

EN DROIT ROMAIN

ET EN DROIT FRANÇAIS

THÈSE POUR LE DOCTORAT

PRÉSENTÉE ET SOUTENUE LE 24 JUILLET A MIDI

PAR

Pierre RIGOT

Né au Hâvre (Seine-Inférieure)

AVOCAT A LA COUR D'APPEL.

PARIS

IMPRIMERIE DE E. DONNAUD

9, RUE CASSETTE, 9.

1872

DE LA SÉPARATION DES PATRIMOINES

EN DROIT ROMAIN
ET EN DROIT FRANÇAIS

THÈSE POUR LE DOCTORAT

PRÉSENTÉE ET SOUTENUE LE 24 JUILLET A MIDI

PAR

Pierre RIGOT

Né au Havre (Seine-Inférieure).

AVOCAT A LA COUR D'APPEL.

Président : M. BUFNOIR,

Suffragants :
MM. VUATRIN.
DEMANTE.
GIDE.
LYON-CAEN.

Professeurs.

Agrégé.

PARIS

IMPRIMERIE DE E. DONNAUD
9, RUE CASSETTE, 9.

1872

A MON PARENT

M. GASTAMBIDE
Conseiller à la Cour de cassation.

TÉMOIGNAGE DE PROFOND RESPECT.

DE LA SÉPARATION DES PATRIMOINES.

INTRODUCTION.

Lorsqu'une personne recueille une succession, elle est investie de tous les droits, et simultanément de toutes les obligations du défunt. C'est son patrimoine tout entier qui passe à l'héritier, et l'on chercherait en vain une meilleure définition de l'hérédité que celle de Gaïus : *Nihil est aliud hereditas quam successio in universum jus defuncti* (1).

Par le fait de cette transmission, le patrimoine du défunt et celui de l'héritier se confondent en une seule masse qui devient le gage commun, et des créanciers de la succession, et des créanciers de l'héritier ; les uns et les autres, si le gage est insuffisant, ne peuvent que se le partager au marc le franc. Il ne devrait y avoir, semble-t-il, d'autre exception à cette assimilation que celles qui résultent des causes de préférence individuelles, ou accessoirement du bénéfice d'inventaire. Cependant l'expérience des résultats que produit une semblable confusion a motivé une

____

(1) L. 24, D. 50, 16.

autre dérogation au principe d'égale répartition de la masse.

Si le passif de cette masse est supérieur à l'actif, deux suppositions sont possibles. D'abord, c'est le défunt qui était insolvable, l'héritier ne l'était pas; ou l'était moins, si nous les supposons tous deux insolvables: dans cette première hypothèse, les créanciers de l'héritier verront diminuer leur gage par la confusion des deux patrimoines et le concours des créanciers du défunt. Mais ce résultat ne présente rien d'injuste; ceux qui ont contracté avec l'héritier sans réclamer de lui des garanties spéciales se sont abandonnés entièrement à lui; ils ont pu prévoir les engagements qu'il contracterait plus tard et ne sauraient méconnaître les actes qui de sa part ne sont point entachés de fraude. Dans la seconde hypothèse c'est l'héritier qui était insolvable, le défunt ne l'était pas; ou l'était moins si nous les supposons tous deux insolvables: ce sont alors les créanciers du défunt qui auront à souffrir de la confusion des patrimoines; si leur gage primitif était suffisant, ils n'auront plus qu'un dividende; s'il était déjà insuffisant du vivant de leur débiteur, le dividende que leur donnera l'héritier sera moins élevé. Pourra-t-on justifier ce résultat, comme le précédent? Non. Si les créanciers du défunt devaient prévoir que celui-ci, de son vivant, pourrait à sa guise et de bonne foi diminuer leur gage, les événements postérieurs à sa mort dépassaient nécessairement leurs prévisions ; aussi l'insolvabilité de l'héritier ne doit-elle pas leur causer préjudice. Le remède naturel est de conserver aux créanciers leur gage primitif en faisant cesser la confusion résultant de la succession : ce remède c'est la *séparation des patrimoines.*

D'après ce qui précède, la séparation des patrimoines se présente sous un double aspect : si l'on n'envisage que la confusion des patrimoines et l'égale répartition de la masse, ce bénéfice apparaît comme une exception aux principes rigoureux du droit qui régissent la transmission héréditaire. C'est à ce point de vue que Pothier a pu dire : « *haec separatio contra stricti juris rationem datur* (1). » Mais si l'on considère les droits des créanciers du défunt et le préjudice qui résulterait pour eux de cette confusion, c'est à juste titre qu'on verra dans la séparation des patrimoines, comme le dit aussi Pothier, « un droit fondé sur un principe, *pris dans la nature des choses* (2). »

Il est intéressant de rappeler à ce sujet qu'au point de vue des liens de droit qui existaient entre le défunt et l'héritier, la réunion des deux patrimoines sur la tête de ce dernier peut également contrarier l'équité. Ici encore, bien que les textes présentent généralement la confusion

(1) Pandect. Justin. 42, 6.
(2) *Traité des successions*, ch. 5, art. 4.

comme un mode d'extinction des obligations (1), l'équité a toujours fait admettre des dérogations à cette idée (2), de même qu'elle a conduit, dans cette matière, le préteur romain, l'ancien droit français et le législateur moderne à séparer les deux patrimoines qui avaient été confondus dans la même personne.

J'ai évité de parler dans ce court exposé de la confusion des personnes du défunt et de l'héritier résultant d'une transmission héréditaire, parce que je ne vois là qu'une fiction étrangère à ce sujet. Comme il appert de la définition de Gaïus que j'ai citée dès les premières lignes de cette thèse, c'est la succession à l'universalité des droits du défunt qui par elle-même constitue l'hérédité, produit la confusion des patrimoines

(1) LL. 107 et 75. D. 46, 3 ; L. 21, § 1. D. 34, 3; Code Nap., art. 1300; voy. aussi Pothier, *Traité des obligations*, §§ 141 et suiv.

(2) L. 38, § 5. D. 46, 3, et L. 3, pr. Dig. 42, 6; Code Nap., art. 2035; voy. aussi Pothier, *Traité des successions*, ch. 5, art. 4. Il ressort sans doute de ces dérogations que la confusion est moins une cause d'extinction qu'une impossibilité de fait à l'exercice du droit; mais il n'en est pas moins vrai que les textes la présentent comme une cause d'extinction et basent les exceptions à ce prétendu principe sur l'équité : *neque enim ratio juris debet afficere creditorem qui sibi diligenter propexerat*, dit la loi 3, pr. *De separationibus*, sur laquelle j'aurai l'occasion de revenir. Quant à cette maxime *confusio potius eximit personam ab obligatione quam extinguit obligationem* que plusieurs interprètes ont présentée comme caractérisant la confusion et fournie par la loi 71, D. 46, 1, elle ne se trouve ni dans le texte, ni dans l'esprit de cette loi, elle est même interdite par la fin de la loi 71 qui permet au débiteur accessoire d'opposer au créancier sa qualité d'héritier d'un des corréi : c'est ce que M. Labbé a clairement démontré. (*De la confusion considérée comme cause d'extinction des obligations*, pp. 186 et 187.)

et engendre *directement* l'obligation *personnelle*
de l'héritier aux dettes. Que la continuation de
la personne du défunt par l'héritier eût été une
idée admise à Rome, dans l'ancien droit français et qu'il en soit resté quelques traces dans le
Code Napoléon, cela est incontestable ; mais, je
le répète, ce n'était qu'une fiction étrangère à la
théorie pure du droit et dont il ne faudrait pas,
surtout sous l'empire du Code Napoléon, s'exa-
gérer l'importance. M. Accarias en a donné,
dans le droit romain, la véritable mesure, en
disant qu'elle fut *imaginée primitivement dans
le but principal de justifier la transmission des
sacra privata* (1). On ne pouvait souffrir qu'il
y eût la moindre interruption dans le culte des
sacra privata ; aussi faisait-on remonter cette
continuation de la personne du défunt au jour
même de sa mort, quand même l'héritier n'avait
fait adition que plus tard ; et Gaïus nous apprend
qu'autrement le caractère religieux de la famille
aurait été profané, « *quae ratio illo argumento*
» *commendatur quod heredis* FAMILIA EX MORTIS
» TEMPORE FUNESTA FACTA *intelligitur, licet post*
» *aliquod tempus heres extiterit* (2). » Encore cet
intérêt de l'*unitas personae* dut-il disparaître avec
l'affaiblissement du sentiment religieux à Rome :
je cite encore sur ce point M. Accarias (3), « *peu*
» *à peu, grâce à la désuétude progressive et fina-*

(1) *Précis du droit romain*, p. 116, note.
(2) L. 28 § 4, D. 45, 3.
(3) *Loc. cit.*

» *lement à la disparition des* sacra privata, *cette*
» *notion de l'hérédité se rétrécit* OU POUR MIEUX DIRE
» S'EPURA ; *en fait, sur la fin de l'époque classique,*
» *l'héritier ne continue plus la personne du défunt*
» *que relativement à ses droits et obligations pé-*
» *cuniaires ; et sous les empereurs chrétiens, ce qui*
» *n'était que le fait devient le droit, de sorte que*
» *dans le dernier état de la législation, l'héritier est*
» *simplement celui qui succède au patrimoine.* »
Dire que l'héritier ne continue plus la personne
du défunt que relativement à ses droits et obligations pécuniaires, c'est exprimer l'effet naturel
de toute succession *in universum jus*, en l'absence
de toute fiction ; car *le patrimoine d'un indi-*
vidu est la personnalité même de cet individu con-
sidéré dans ses rapports avec les objets du monde
extérieur sur lesquels il a des droits à exer-
cer (1). Aussi voyons-nous les textes assimiler
les successeurs *in universum jus* aux héritiers :
hi qui in universum jus succedunt heredis loco

______

(1) Aubry et Rau sur Zachariæ, t. V, p. 8. Je distingue également
cette notion du patrimoine de l'idée toute romaine en vertu de laquelle
hereditas personæ vice fungitur, sicuti municipium et decuria et so-
cietas (L. 22, D. 46, 1). C'est encore là une fiction, que le texte présente d'une façon exagérée ; car une succession vacante n'aurait pas la
capacité d'une personne juridique, d'un municipe ou d'une décurie ; et
les jurisconsultes romains n'ont jamais été jusqu'à admettre, par
exemple, qu'elle pût recueillir d'autres successions et des legs. La
vérité est que cette fiction a été imaginée dans un intérêt tout spécial,
celui de décider sur le sort de certaines acquisitions faites par les
servi hereditarii (L. 31, § 1, D. 18, 5), et qu'elle est tout à fait étrangère aux principes nécessaires des successions. De là vient que cette
matière présente des contradictions qui témoignent de l'absence d'une

« *habentur* (1). » Il est vrai que les légataires à titre universel n'étaient pas mis sur le même pied que les héritiers, et ne pouvaient être actionnés par les créanciers; mais c'est qu'il y avait là un héritier institué qui était chargé de leur répondre, en vertu d'une disposition de la loi des XII Tables (2).

Dans l'ancien droit français, les principes étaient tout différents, compliqués et modifiés qu'ils étaient par les idées germaniques. Chez les Germains la famille était une société civile, tous les membres en étaient solidaires et participaient, par le payement de la *fœda*, à la réparation du dommage causé par l'un d'eux. Cette solidarité fit obstacle à l'idée d'une propriété individuelle.

Les biens étaient plutôt considérés comme appartenant à toute la famille qu'à celui qui en était le chef; les héritiers présomptifs en étaient copropriétaires du vivant de leur auteur, et

théorie précise; ainsi la règle que l'hérédité vacante continue la personne du défunt et celle que l'adition de l'héritier remonte au jour du décès ne peuvent se concilier ensemble; il faut avouer seulement qu'il y a là deux fictions introduites dans des buts différents. De là vient encore que les textes représentent l'hérédité tantôt comme une personne indépendante (L. 15, pr. D. 41, 3; — L. 13, § 5, D. 43, 24; — L. 15, pr. D. 11, 1; — L. 61, pr. D. 41, 1); tantôt comme continuant la personne du défunt (Inst. Just., § 2, II, 14; pr. III; 17); tantôt enfin comme l'une et l'autre L. 34, § 1, D. 28, 5. — Savigny, *Droit romain*, t. II, ch. 2, § 102.

(1) L. 128, D. 50, 17; et L. 170, D. 50, 16.

(2) L. 7, Code 4, 16; le légataire partiaire ne pouvait être tenu de contribuer aux dettes que par des stipulations *partis et pro parte*.

celui-ci ne pouvait, sans leur concours, rien aliéner du bien de ses ancêtres (*bona aviatica*). Il n'est donc pas surprenant que le testament fût, dans le principe, inconnu aux Germains, *heredes tamen successoresque sui liberi et nullum testamentum*, dit Tacite (1).

Aussi lorsque l'usage du testament se fut introduit dans les pays coutumiers par l'influence du droit romain, ce qui ne s'effectua pas en Gaule sans une certaine répugnance de la part des populations nouvelles, si l'on en croit un texte de la loi des Burgondes qui taxe cet usage

(1) *De morib. German*, § 20. — Il est intéressant de remarquer que c'est là un trait commun aux législations anciennes. Le testament était également interdit ou inconnu à Athènes (Plutarque, *Solon*, 21), à Sparte (Plutarque, *Agis*, 5), à Corinthe et à Thèbes (Aristote, *Politique*, II, 3 et 4) sinon pendant toute la durée, au moins dans les premiers temps de ces États; et Platon (Lois 11) fait parler ainsi le législateur à l'homme qui voudrait en mourant disposer de son patrimoine : « tu n'es le maître ni de tes biens, ni de toi-même ; toi et tes biens » tout cela appartient à ta famille, c'est-à-dire à tes ancêtres et à ta » postérité ». Le motif était donc le même que chez les Germains. A Rome il est également à peu près certain que le testament était inconnu à l'origine, et on en trouve la preuve dans la forme des premiers testaments qui ne pouvaient être faits sans l'assentiment du peuple assemblé dans ses comices ou sous les armes ; c'est-à-dire qu'il fallait une loi spéciale pour permettre à chaque citoyen de tester. La qualification de *suus heres* donnée à l'enfant en puissance, et l'explication *quia vivo quoque patre quodammodo dominus existimatur* rapprochée de la loi 11, *De liberis et posthumis*. Dig. XXVIII, 2, confirment cette idée, soit qu'on l'explique, comme Montesquieu (*Esprit des lois*, liv. XXVII) par la nécessité de maintenir le partage de l'*ager romanus* tel qu'il avait été arrêté par Romulus, (Denis d'Halicarnasse, II, 3; et Plutarque *Comparaison de Numa Pompilius et de Lycurgue*), Numa Pompilius (Cicéron, *De republica*, II, 14), et *Servius Tullius* (Denis d'Halicarnasse, IV), soit qu'on la justifie comme M. Fustel de Coulanges par le respect du culte héréditaire dans les familles (*La cité antique*, liv. II, ch. 7, 5°). Mais à Rome la *patria potestas* vient

d'usurpation (1), on distingua nettement les héritiers du sang des successeurs testamentaires. Les uns sont considérés comme continuant la personne du défunt saisis de tous ses droits et obligations et tenus *ultra vires* envers les créanciers héréditaires : les autres doivent demander la délivrance des biens, quand même ils auraient droit à l'universalité du patrimoine, ne contribuent point directement aux dettes qu'ils ne supportent qu'en vertu du principe applicable même aux dispositions à titre singulier : *bona non sunt nisi deducto aere alieno* (2), et enfin sont appelés

faire échec à tout cela, et la loi des XII Tables (Tab. V) consacra pour le père de famille le droit de disposer sans limites do son patrimoine, *corps et biens;* tandis que chez les Germains la puissance paternelle d'une nature toute protectrice et beaucoup plus humaine, n'a jamais donné au père un pouvoir aussi exorbitant, aussi les idées germaines dans cette matière ont conservé une influence considérable, et l'avocat général Gilbert des Voisins, parlant un langage semblable à celui de Platon disait encore au siècle dernier : *Le pouvoir de disposer de nos biens ne nous appartient pas naturellement.* (*Répertoire de Merlin,* v° *Testament,* sect. II, § 4, art. 2).

(1) *Adversus morem veterum usurpare velle cognoscimus.* Liv. LX, § 1.

(2) Pothier (*Traité des donations testamentaires,* ch. II, sect. 1re, § 2), indiquant que le légataire à titre universel, à la différence du légataire à titre particulier, est tenu des dettes à proportion de ce qu'il prend, n'en donne pas la véritable raison en invoquant la maxime *bona non intelliguntur nisi deducto aero alieno,* puisque les legs particuliers sont également réduits, s'il y a lieu, par le payement des dettes héréditaires. Il se rapproche plus des véritables principes lorsque dans le même passage il invoque également pour justifier cette différence une idée tout autre; *æs alienum universi patrimonii non singularum re. un onus est,* c'est-à-dire l'obligation de payer les dettes résultant de la vocation à l'universalité des droits héréditaires : mais cette explication ne s'accorderait guère avec la théorie de l'ancien droit sur les légataires à titre universel qui ne sont pas considérés comme *successeurs de droit.*

uniquement par opposition aux héritiers *ab intestat* successeurs aux biens (1). Je dis *uniquement par opposition*, car ici l'impropriété des termes trahit l'incorrection des idées, il est clair qu'une personne ne peut succéder qu'à une autre personne ; *un bien*, on le *recueille*, on ne lui *succède* pas.

L'incorrection des idées m'apparaît en ce sens qu'on chercherait en vain une théorie rationnelle là où il n'y a que des traditions historiques. Tout cela se trouve résumé dans ces anciennes maximes : *Gignuntur heredes, non scribuntur* (2). *Solus Deus heredem facere potest, non homo* (3). Dans les pays de droit écrit rien de semblable, puisque le droit romain y était observé.

La séparation des patrimoines à Rome était accordée indifféremment dans la succession *ab intestat* et dans la succession testamentaire, D'après ce qui précède il semblerait que dans l'ancien droit français la condition faite au légataire à titre universel ne permettait pas d'accorder ce bénéfice dans la succession testamentaire. En effet, comment voir la possibilité d'une séparation de patrimoines là où il n'y a pas confusion de droits héréditaires et du patrimoine

---

(1) On comprend aussi quelquefois sous cette dénomination les successeurs irréguliers : le roi, les seigneurs et l'abbé, je n'ai pas à m'en occuper ici; je dirai seulement qu'ils différaient des successeurs testamentaires, en cela qu'ils avaient la saisine.

(2) Symmaque, *Epist.* I, 9.

(3) Glanville, *De legib. et consuet. Angliæ*, liv. VII, ch. 1; XII° siècle.

du légataire là où Lebrun dit qu'il n'y a pas un *successeur de droit.* Il ajoute même que le légataire est *tout autre que celui qui entre universellement dans tous les droits du défunt,* et plus loin qu'il *n'est pas sujet proprement à une action personnelle et n'est point tenu des dettes que par une espèce de rétention et de déduction qui se pratiquent à son égard sur le fondement de la maxime* bona non dicuntur nisi deducto ære alieno (1). Ricard dit qu'il n'est tenu qu'*ob rem* (2) et Denizart *à cause de la détention des biens* (3) ; Merlin, qui a cité dans le même sens Loiseau et Lacombe, parle le même langage (4).

Tout alors, paraît-il, se réglerait entre l'héritier et le légataire ; cependant il a été permis aux créanciers héréditaires d'actionner directement le légataire à titre universel ; Pothier en donne pour raison la nécessité d'abréger les règlements de compte et d'éviter les circuits d'action, *celeritate conjungendarum actionum* (5). Il me paraît également certain que la séparation des patrimoines leur a été accordée dans le même cas ; Merlin (*loc. cit.*) dit qu'on ne distinguait pas à cet égard entre le successeur testamentaire et l'héritier *ab intestat ;* de plus, ce bénéfice étant accordé par tous les anciens auteurs aux léga-

(1) *Successions,* liv. IV, ch. 2, sect. 1re, § 3.
(2) *Traité des donations.*
(3) *Répertoire,* vo *Légataire.*
(4) *Répertoire,* vo *Légataire,* § 7, art. 1er.
(5) Introduct. au tit. XVI de la *Cout. d'Orléans,* sect. VI, art. 5, § 2 ; et art. 334 de la *Cout. de Paris.*

taires, il serait bien extraordinaire que les créanciers d'un successeur testamentaire fussent plus maltraités qu'eux.

Sous l'empire du Code Napoléon je ne pense pas qu'il y ait d'autres différences entre les héritiers *ab intestat* et les autres successeurs *in universum jus* que la saisine (1); et encore le légataire universel est-il saisi, lorsqu'il n'est pas en présence d'héritiers réservataires (art. 1006, C. N.).

Dans tous les cas, il est certain que la séparation des patrimoines est accordée dans toutes les successions *in universum jus;* cela résulte pleinement de ces mots de l'art. 2111 « héritiers *ou représentants* » expression significative.

(1) C'est là encore une question controversée dont je fais une des positions de ma thèse.

DROIT ROMAIN.

Je suivrai pour l'étude de mon sujet, en droit romain, la division suivante :

CHAPITRE I. Origine et formes de la séparation des patrimoines.

CHAPITRE II. Divers cas de successions *in universum jus*, autres que l'hérédité proprement dite, où il y a lieu de rechercher si la séparation des patrimoines était admise.

CHAPITRE III. Cas spéciaux de séparation des patrimoines, contenus au titre *De separationibus* (Dig. XLII, 6).

CHAPITRE IV. Séparation des patrimoines héréditaires.

CHAPITRE I.

ORIGINE ET FORME DE LA SÉPARATION DES PATRIMOINES.

La séparation des patrimoines a été introduite par le droit honoraire (1), le préteur avait ici encore corrigé par son édit ce que le droit civil avait de trop rigoureux. C'est ce qui est clairement exprimé dans la Const. 2, Code, 7, 72 : « *Est* » *juridictionis tenor promptissimus indemnitatisque* » *remedium edicto prætoris creditoribus heredi-* » *tariis demonstratum.* »

Mais c'est à tort que plusieurs interprètes (2)

(1) Toutefois la loi 1, § 6, *de separationibus*, indique un cas particulier de séparation des patrimoines introduit par un rescrit d'Antonin le Pieux.

(2) M. Dollinger (*Traité de la séparation des patrimoines*, p. 6).

ont cru trouver l'origine de ce bénéfice dans la loi 1ʳᵉ, Dig. n. t. (42, 6) ainsi conçue : *Sciendum est separationem solere impetrari decreto praetoris,* et qu'ils en tirent cette conclusion : *c'est donc l'usage qui s'est introduit dans la juridiction du préteur.* Il est bien difficile d'indiquer quelle a pu être l'influence de l'usage dans cette matière ; mais il est évident que le texte précité n'a trait qu'à une question de procédure, c'est-à-dire à la façon dont la séparation des patrimoines est obtenue et non point à la source législative de cette mesure. Le mot *decretum* indique, en effet, la décision rendue par le préteur *cognita causa* sur une espèce donnée, mais point l'édit qui contient les innovations du droit honoraire.

Quant à l'époque où la séparation des patrimoines fut introduite, il est assez difficile de la préciser ; on peut seulement remarquer que ce bénéfice étant un incident de la *venditio bonorum,* ainsi que cela sera démontré plus bas, il ne peut-être antérieur à la fin du VIᵉ ou au commencement du VIIᵉ siècle de la fondation de Rome. Gaïus (1), en nous parlant de l'action Rutilienne qui était donnée au *bonorum emptor* et se lie intimement à la matière de la *bonorum venditio,* nous apprend qu'elle fut introduite par le préteur

---

Dans le même sens, M. Rarafort, président de chambre à la Cour d'appel de Lyon (*Traité théorique et pratique de la séparation des patrimoines,* p. 7).

(1) C. IV, § 35.

Publius Rutilius. Or, on ne connaît que deux
préteurs de ce nom; l'un dont la magistrature,
sur le témoignage de Tite-Live (2), remonterait à
l'an 586 de Rome, l'autre qui fut consul en 649
et dont il est question dans plusieurs passages de
Cicéron (2), ainsi que dans la loi 1, § 1, D. *De bonis
libertorum*, 38 , 2).

Cette dernière date paraîtra peut-être plus admissible si l'on réfléchit que le bénéfice de la séparation des patrimoines appartient à ce qui est
considéré comme la période la plus avancée du
droit honoraire. La loi 7, § 1, D. 1, dit en effet
*jus praetorium, quod praetores introduxerunt, ad-
juvandi vel supplendi, vel corrigendi juris civilis
gratia....* Or, la séparation des patrimoines
n'a été introduite ni pour *suppléer*, ni pour *confirmer* le droit civil, mais bien plutôt pour le
corriger, car il s'agit là d'une véritable dérogation aux principes de la confusion héréditaire. De
là cette présomption que le préteur n'a dû arriver
à un semblable résultat que par une marche lente
et progressive et qu'il n'a pas commencé par com-
battre ouvertement le droit civil (3). Au reste, je
le répète, on ne peut rien affirmer de positif sur
la date de la concession de notre bénéfice.

Mais à quel propos, dans quelles circonstances

----

(1) C. XLV, 44.

(2) *Pro Plancio*, § 24 ; — *De oratore*, II, 69.

(3) Le principe des Instituts de Justinien, *De bonorum possessionibus*,
semble bien don··· une solution différente pour les *bonorum posses-
siones*; mais cela paraît bien difficile à admettre lorsqu'en général nous
voyons le préteur procéder tout autrement. Et M. Demangeat, qui cite

se présente cette question ? Il est certain qu'elle se présente à propos de la *bonorum venditio*, cela résulte d'abord de la place du titre *De separationibus*, au Digeste, au milieu de ceux qui traitent des voies d'exécution, ainsi que du titre 72, au livre 7, au Code qui contient à la fois séparation des patrimoines et la vente des biens ; cela résulte encore de la loi 1ᵉ, § 1 (D. n. t.) qui nous indique à quel moment de la procédure se produira la demande en séparation ; cette loi s'exprime ainsi : Seius le débiteur meurt, « il a pour « héritier Titius qui, insolvable, souffre la *bono-* « *rum venditio*, alors les créanciers de Seius de- « manderont que ses biens leur soient réservés « et que le créancier de Titius se contente des « biens de Titius, de telle sorte qu'il y aura « comme la vente de deux patrimoines. » En d'autres termes, Titius est insolvable, ses créanciers personnels demandent et obtiennent l'envoi en possession *rei servandæ causa*, aussitôt les créanciers de Seius, le défunt, interviennent pour obtenir l'envoi en possession exclusif des biens de Seius. On nomme alors deux curateurs différents chargés d'administrer, l'un le patrimoine du défunt, l'autre le patrimoine de l'héritier, ainsi que deux *magistri* différents chargés d'organiser séparément les deux ventes, de faire poser

---

en ce sens M. de Vangerow (*Lehrbuch*, t. II, § 598), indique comme origine très-probable de la *bonorum possessio* celle qui est d'après Gaïus (C. IV, § 17) employée dans une *petitio hereditatis* pour déterminer les rôles de défendeur et de demandeur. (*Cours du droit romain*, t. II, p. 79.)

les affiches et de faire dresser les deux cahiers des charges *(leges bonorum vendendorum.)* « *Et sic* » *quasi duorum fieri bonorum venditionem.* »

Au reste il est certain que les créanciers du défunt n'avaient pas besoin d'attendre que les créanciers de l'héritier obtinssent l'envoi en possion. Ils pouvaient très-bien prendre les devants s'ils jugeaient l'héritier insolvable, c'est ce qui est indiqué dans la loi 3 *De rebus auctoritate judicis* D. (42, 5). Ils assignent alors l'héritier devant le préteur pour qu'il soit déclaré *suspect*, et ils y parviendront en prouvant, non pas que l'héritier est d'une moralité douteuse, mais simplement que ses moyens pécuniaires sont insuffisants. Une fois suspect, l'héritier devra fournir caution *pro debito reddendo* aux créanciers du défunt, faute de quoi ceux-ci seront envoyés en possession des biens de l'hérédité et pourront les vendre. Mais cette manière de procéder n'est pas sans péril ; car si les créanciers ne réussissent pas à faire déclarer l'héritier suspect, celui-ci pourra intenter contre eux l'action d'injures. Tout cela est indiqué dans la loi précitée.

Qu'arriva-t-il lorsque la *venditio bonorum* eut disparu pour faire place à *la distractio bonorum*, où les biens ne sont plus *vendus* en bloc, mais au détail ? Comment la séparation des patrimoines se combina-t-elle avec ce nouveau mode d'exécution ? C'est ce qu'il n'est guère possible de préciser ; on ne peut à cet égard user que de conjectures.

CHAPITRE II.

Divers cas de succession *in universum jus* où il y a lieu de rechercher si la séparation des patrimoines était accordée.

Plusieurs textes assimilent les successeurs *in universum jus* aux héritiers. La loi 128, § 1, *De regulis juris*, D. (50, 17), dit en effet : « *Hi qui in universum jus succedunt loco heredis habentur* ; et la loi 170, *De verborum significationibus*, D. (50, 16) *heredes appellatione omnes significari successores credendum est etsi verbis non sunt.* » Il est clair qu'il ne faudrait pas pousser cette assimilation trop loin ; et d'ailleurs être *loco heredis*, ce n'est pas être *heres*. Ulpien le dit expressément à propos des *bonorum possessores* : « *Heredes quidem non sunt, sed heredis loco constituuntur beneficio praetoris* (1) ». Ainsi le *bonorum possessores* et les *bonorum emptores* n'ont que l'*in bonis* des biens qu'ils recueillent, ils n'en obtiendront que par l'usucapion le *dominium ex jure quiritium*, tandis que l'héritier l'acquiert *ipso jure*. Mais ce qui est exact c'est que les effets de la succession *in universum jus* existent pour tous les successeurs comme pour l'héritier.

Ainsi ils sont investis de tous les droits actifs

(1) Règ^{es}, XVIII, 12.

et passifs du patrimoine qu'ils recueillent et qui se confondent avec le leur ; toutes les actions que peut exercer l'héritier ou qui sont opposables, ils les exercent et les souffrent sous la forme d'actions utiles ou fictices. Il est donc à présumer que la séparation des patrimoines pouvait être accordée aux créanciers de toute universalité contre les créanciers de celui qui la recueillait : c'est ce que je vais rechercher, en commençant par les successions recueillies à la suite d'un décès et en terminant par les autres.

§ 1. *Acquisition* per universitatem *à la suite d'un décès.*

J'en indiquerai deux cas que je vais examiner : la *bonorum possessio* et l'*usucapio pro herede*. On pourrait sans doute comprendre sous le même paragraphe la vente qui a lieu des biens de celui qui ne laisse aucun héritier (1) ; mais je n'en parlerai que sous le § 2, les cas de *venditio bonorum* étant plus nombreux du vivant du débiteur.

I. Il me paraît incontestable que le bénéfice de la séparation des patrimoines devait être accordé aux créanciers du défunt contre ceux du *bonorum possessor. La bonorum possessio* était, en effet, une succession prétorienne qui ne se distinguait réellement de la succession de droit civil que par la nature de la propriété engendrée,

---

(1) Gaius, C. III, § 78.

qui était prétorienne, l'*in bonis*, et par la nature
des actions qui était également prétoriennes, c.
a. d. utiles et fictices. Je ne puis pas ici pousser le
parallèle plus loin. La loi 2, *Debonorum possessionibus, « in omnibus enim vice heredum bonorum possessores habentur*, et la loi 1ʳ, eod. tit. *bonorum
possessio admissa commoda, et incommoda hereditaria...tribuit »* D. (37, 1), suffisent bien à prouver
que la séparation des patrimoines devait être usi-
tée en cette matière;

II. Je passe à l'*usucapio herede*; cette usucapion
était de bonne ou de mauvaise foi, dans ce dernier cas elle était dite *lucrativa*. L'usucapion de
l'hérédité s'effectuait par le délai d'un an, parce
que, nous apprend Gaius (1), la loi des XII Tables
n'exigeait qu'un an pour tout ce qui n'était pas
res soli. Elle pouvait avoir lieu de mauvaise foi
parce que le cultes des *sacra privata* et l'intérêt
des créanciers ne sachant à qui s'adresser exi-
geaient que les hérédités ne restassent pas longtemps vacantes (2). Celui qui acquérait ainsi une
hérédité par usucapion étant un véritable successeur *in universum jus*, assimilé à un héritier,

(1) Gaius, C. II, § 54.

(2) *Loc. cit*, § 55. Ces deux motifs ne tardèrent pas à disparaître;
d'une part le culte des *sacra privata* tomba en désuétude; c'est bien
ce qui résulte de la façon dont s'exprime Gaius, *quorum illis tempo-
ribus summa observatio fuit*; et d'autre part le préteur autorisa les
créanciers à faire vendre le patrimoine du débiteur qui ne laisse pas
d'héritiers (Gaius, C. II, § 78). Il semblerait dès lors que l'*usucapio
lucrativa* dût aussi disparaître; elle ne fit que se transformer; au lieu
de conférer la qualité d'héritier, elle fit seulement acquérir la propriété des choses corporelles héréditaires individuellement possédées,

puisque la loi 4, *Pro herede*, D. (41, 5) exige qu'il ait la *factio testamenti* ; et Cicéron (1) mentionne qu'il est tenu des charges héréditaires. De plus l'*usucapio lucrativa* ayant été admise dans l'intérêt de créanciers héréditaires, il me paraît presque certain que ceux-ci devaient pouvoir au cas où l'acquéreur de l'hérédité était insolvable, invoquer la séparation de patrimoine contre ses créanciers.

§.2. *Successions* per universitatem *entre vivants*.

Je divise ce paragraphe en cinq numéros correspondant aux cinq modes d'acquisitions suivants : Vente d'une hérédité à l'amiable, vente d'une hérédité par justice, *adrogatio* ou *conventio in manum, addictio bonorum libertatis causa*, acquisition résultant du sénatus-consulte Claudien.

I. On ne peut vendre sa propre hérédité : on ne peut la transmettre *hic et nunc*, car *esse debet hereditas ut sit emptio*, et il ne peut être question d'hérédité qu'après la mort. On ne peut non

Enfin un sénatus-consulte d'Hadrien, qui commence une troisième phase dans cette matière, anéantit l'effet de l'*usucapio lucrativa* attaquée par la *petitio hereditatis*, mais laisse subsister en principe cette *usucapio* toujours opposable à ceux qui ne peuvent tutenter la *petitio hereditatis*, ni invoquer l'interdit *quorum bonorum*. Faut-il dire que l'*usucapio pro herede* accomplie de bonne foi est toujours opposable, même après Hadrien, à celui qui intente la *petitio hereditatis* ? C'est là une question controversée que je ne puis développer ici mais qui fera l'objet d'une de mes positions. (M. Machelard, *Interdits*, p. 78 et seq.)

(1) *De legibus*, II, 19.

plus pas la vendre, en reportant la transmission
au moment de sa mort ; ce serait un pacte sur
succession future ; et de plus toute institution
contractuelle était impossible à Rome où l'Institution d'héritier ne pouvait être faite ailleurs
que dans un testament (1). Aussi je n'entends
parler ici que de la vente de l'hérédité faite par
l'héritier. Pour connaître les effets d'une semblable vente il faut distinguer d'abord l'héritier
légitime *ab intestat* de l'héritier testamentaire.
L'héritier légitime *ab intestat*, qui aliène l'hérédité par une *cessio in jure* avant d'avoir fait
adition, transmet tous ses droits à l'acquéreur
qui *perinde sit heres ac si ipse per legem ad hereditatem vocatus esset*, et subira toutes les conséquences d'une hérédité. Il est clair qu'alors la
séparation du patrimoine devra être accordée
contre les créanciers de l'acquéreur. Si l'héritier
ab intestat n'aliénait l'hérédité qu'après avoir

(1) Il n'en a pas toujours été ainsi à Rome et tout fait supposer qu'il
existait anciennement une véritable *mancipatio familia*, nécessaire à
l'époque où l'usage du testament n'existait pas encore (V. ci-dessus,
note de l'introduction), ou même à l'époque où l'on testait *calatis
comitiis*, mais sans pouvoir faire des dispositions testamentaires dans
l'intervalle des comices. C'est sans doute sur le modèle de cette
mancipatio qu'a été institué le testament *per æs et libram* ; et la vente
fictive de l'hérédité qu'on voit dans ce testament n'a certainement pas
toujours été imaginaire : « Elle le fut, dit Montesquieu, mais au com-
» mencement elle ne l'était pas. La plupart des lois qui réglèrent,
» dans la suite, les testaments, tirent leur origine de la réalité de ces
» ventes ; on en trouve bien la preuve dans les fragments d'Ulpien
» (Reg. XX, 13). Le sourd, le muet, le prodigue ne pouvaient faire
» de testament ; le sourd parce qu'il ne pouvait entendre les paroles de
» l'acheteur de la famille ; le muet, parce qu'il ne pouvait pas pro-
» noncer les termes de la nomination ; le prodigue, parce que « toute

fait adition, cette aliénation ne produirait pas plus d'effet que si chaque objet de l'hérédité avait été aliéné séparément et l'aliénateur n'en resterait pas moins héritier et obligé envers les créanciers héréditaires, tandis qu'au contraire les débiteurs héréditaires seraient libérés. Si c'est un héritier testamentaire qui aliène l'hérédité après avoir fait adition, les résultats seront les mêmes que les précédents.

Il est également évident, dans ces deux derniers cas, qu'il ne peut être question d'accorder la séparation de patrimoine contre les créanciers de l'acquéreur (1). Si l'héritier testamentaire aliène l'hérédité avant d'avoir fait adition *nihil agit* (2).

II. Je passe maintenant aux ventes d'hérédités faites par justice et je rechercherai s'il y avait place pour notre bénéfice dans la *sectiò bonorum* et dans la *venditio bonorum*.

» gestion d'affaires lui étant interdite, il ne pouvait pas vendre sa fa-
» mille. » (*Esprit des lois*, liv. XXVII.) C'est bien également ce qui se trouve indiqué dans le § 103 du C. II de Gaius, *namque olim familiæ emptor, id est, qui a testatore familiam accipiebat mancipio heredis locum obtinebat.* Mais, tout en admettant que l'*emptor familiæ* ait été dans le principe un acheteur sérieux assimilé à un héritier, je ne rechercherai point si la séparation des patrimoines existait dans ce cas, ce qui serait puéril à une époque où le préteur et par suite le droit honoraire n'existaient pas.

(1) Quant à la question de savoir si les créanciers héréditaires conscrvent ce bénéfice vis-à-vis des créanciers de l'héritier qui a aliéné ; j'y reviendrai dans le ch. IV, en expliquant la loi 2, D. *De separationibus.*

(2) Ces différentes hypothèses sont clairement expliquées dans les §§ 34, 35 et 36 du C. II de Gaius et dans les §§ 12, 13 et 14 du titre XIX des Règles d'Ulpien.

1° La *sectio bonorum* est une vente en masse des biens de celui que frappe la *publicatio bonorum*, ou qui condamné à une amende pécuniaire ne l'acquitte pas; elle est faite par les questeurs du trésor envoyés en possession de ces biens. Il semble bien que les acquéreurs, *sectores*, étaient de véritables successeurs *in universum, jure civili*, puisque la loi 65, § 12, D. (*Pro docio*) déclare qu'une société se dissout par la *publicatio* des biens d'un associé, « nam cum in ejus locum alius succedat pro mortuo habetur; » et Asconius (*in Verrinas*, 1, 20,) mentionne que le *sector* est tenu des obligations du *publicatus* (1). Il paraît donc vraisemblable que la séparation des patrimoines ait pu être accordée aux créanciers du *publicatus* contre ceux du *sector*; toutefois ces textes ne sont pas assez précis, et cette matière est en général trop peu connue pour qu'il soit possible de rien affirmer.

2° Le *bonorum emptor* était également un successeur *in universum jus*, mais un successeur prétorien. Il acquérait le patrimoine vendu aux enchères en s'engageant à payer un dividende calculé d'après la loi *bonorum vendendorum*. Or s'il était insolvable et si ses créanciers personnels demandaient l'envoi en possession, les créanciers vendeurs non payés de leur dividende pourront-ils demander à faire séparer le patrimoine vendu des biens personnels du *bonorum*

____

(1) Tambour, *Des voies d'exécution*, t. 1, p. 110 et seq.

emptor? Je ne le pense pas; on ne trouve point ici le motif principal de notre bénéfice indiqué au début de cette thèse : les créanciers du défunt en se trouvant inopinément en présence d'un héritier insolvable souffrent d'un préjudice qui ne leur est pas imputable ; ici, au contraire, ce sont les créanciers du patrimoine vendu qui ont procédé à la vente; c'est par leur fait qu'ils ont de nouveau pour débiteur un insolvable. Ils viendront donc au marc le franc, avec les créanciers personnels de l'*emptor*, sur la masse de ses biens.

III. L'acquisition *per universitatem* qui résulte de l'adrogation peut être rapprochée ici de celle qui résulte de la *conventio in manuum;* car la femme *in manu* étant *loco filiae* se trouve, au point de vue qui m'occupe, être dans la même condition que l'adrogé. Au temps de Gaius l'adrogeant acquérait tous les droits et créances de l'adrogé à l'exception de ceux qui périssent par la *capitis deminutio;* mais il n'était point soumis aux dettes antérieures à l'adrogation, car celles-ci sont éteintes par le changement d'état du débiteur.

Mais le préteur pour empêcher un résultat aussi injuste donne contre l'adrogé des actions utiles *in quibus fingitur capite deminutus non esse;* et si l'adrogeant ne prend pas fait et cause pour lui en fournissant la caution *judicatum solvi,* le préteur envoie les créanciers de l'adrogé en possession de son ancien patrimoine et leur permet de le vendre (1). Une satisfaction aussi complète rend évidemment toute demande en séparation inutile.

IV. Celui auquel était faite l'*addictio bonorum libertatis causa* étant un esclave qui n'a ni dettes, ni biens personnels, il ne peut être question pour les créanciers héréditaires de séparation de patrimoines.

V. Lorsqu'une femme devenait esclave en vertu du sénatus-consulte Claudien, ses dettes étaient éteintes par la *capitis deminutio* ; mais le préteur devait sans doute secourir ses créanciers, comme il le faisait pour ceux de l'adrogé : la solution sera donc la même qu'au n° 3.

(1) Gaius, C. III, §§ 84 et seq., C. IV, § 38; — Institut, III, 10; — et L. 21 § 1, D. IV, 5.

CHAPITRE III.

CAS SPÉCIAUX DE SÉPARATION DES PATRIMOINES CONTENUS AU TITRE *De separationibus* (Dig. XLI, 6.)

Ces cas spéciaux seront successivement examinés en suivant l'ordre des textes.

SECTION I.

Héritier judiciaire.

Je traduis le § 6 de la loi 1" (h. t.) : « Si » quelqu'un a fait adition par contrainte d'une » hérédité qu'il disait suspecte, et qu'ensuite il » ne trouve pas celui auquel il doit restituer, » par l'effet des événements qui en sont ordinai-» nairement la cause, nous viendrons le secourir, » s'il le demande contre les attaques des créanciers » héréditaires. Un rescrit d'Antonin décide, en » effet, que les biens du défunt seront vendus, » comme si l'on avait pas fait adition d'héré-» dité. » Sous l'empire du sénatus-consulte Pégasien, un insolvable laisse son hérédité à Titius qu'il charge par fidéicommis de la remettre à Seius. Titius, le fiduciaire trouvant l'hérédité suspecte refuse de faire adition ; le préteur, si Seius en fait la demande, forcera Titius à faire adition. Mais cette adition n'aura lieu que d'après les principes du sénatus-consulte Trébellien et, la restitution faite à Seius, les actions seront données sous la forme d'actions utiles *ei et in eum qui recepit hereditatem quasi heredi et in heredem*. Quant à Titius il repoussera les actions héréditaires dirigées contre lui par l'*exception restitutæ hereditatis* (1). Supposons que Seius, jugeant l'hérédité mauvaise disparaisse après l'adition, mais avant la restitution pour éviter les conséquences de cette restitution, ou bien supposons que, dans le même intervalle, Seius décède sans laisser d'héritier auquel Titius puisse faire la restitution (2), celui-ci va se trouver seul en présence des créanciers héréditaires, et cela par suite d'une adition forcée. C'est pour remédier à cette fâcheuse situation qu'un rescrit d'Antonin le Pieux accorde au fiduciaire le droit de séparer ses biens personnels de ceux du testateur qui seront vendus séparément, comme s'il n'en avait pas été fait adition. Ulpien ajoute à la fin de notre texte que si le fiduciaire par négligence, apathie ou mauvaise foi ne réclame pas le bénéfice qui lui est offert, ses créanciers personnels pourront s'adresser eux-mêmes au préteur et obtenir de lui la séparation du patrimoine

(1) Gaius C. II, § 258 : Inst. II, 23 § 6. — Si c'est un héritier sien et nécessaire qui a fait adition sur l'ordre du préteur, il n'en perdra pas pour cela le bénéfice d'abstention ; *perinae observandum ac si se abstinuisset*, l. 5 § 2. D. XIV, 5.

(2) Cette espèce est précisément celle prévue par la loi 11 § 2, D. XXXVI, 1 ; qui donne aussi l'énoncé du rescrit d'Antonin le Pieux.

SECTION II.

Séparation relative au pécule.

§ 1. *Pécule* castrense.

Le § 9 de la loi 1 (h. t.) parle d'un bénéfice de séparation accordé aux créanciers du pécule *castrense*. Ce pécule fut accordé, dit le princip., *quibus non est permissum facere testamentum*, aux Instituts, par Auguste et confirmé par d'autres empereurs. Il était formé de ce que les fils de famille acquéraient dans le service ou à l'occasion du service, et de bonne heure on put dire d'eux à l'égard de ce pécule : *vice patrum familiarum funguntur* (1). De ce principe, que le fils dans la limite de son pécule *castrense* est considéré comme un père de famille, dérivent plusieurs conséquences : le père ne pourra disposer de ce pécule et ses créanciers ne pourront le compter dans leur gage ; le fils à l'occasion de son pécule *castrense* peut devenir créancier ou débiteur de son père ; il peut disposer de son pécule comme il l'entend ; institué héritier *ex causa castrensi* il fait valablement adition d'hé-

---

(1) L. 2. D. XIV, 6. On trouve en effet dans les satires de Juvénal, qui écrivait vers l'an 60 de J.-C. les vers suivants :

Solis praeterea testandi militibus jus
Vivo patre datur, nam quae sunt parta labore
Militiae, placuit non esse in corpore census
Omne tenet cujus regimen pater.
Satire XVI, v. 50 et seq.

ritier sans l'ordre de son père; il peut emprunter malgré la prohibition du sén.-cons. Macédonien; enfin le pécule *castrense* n'est pas compris dans la succession du père mort et le fils le garde, héritier ou non, sans l'imputer sur sa part héréditaire (1). Tout cela démontre que les intérêts du fils et du père étaient complétement séparés pour tout ce qui se rapportait au pécule *castrense* et contribue grandement à l'intelligence de notre texte.

Il y est dit, en effet, que si les biens d'un fils de famille, qui a un pécule *castrense*, sont vendus, les créanciers, qui ont contracté avec le fils à l'occasion de ce pécule, pourront demander que les biens *castrenses* leur soient réservés; et les créanciers antérieurs au pécule *castrenses* ne pourront venir avec eux sur ce pécule. On peut remarquer immédiatement qu'il n'y a pas là une véritable séparation des patrimoines, mais une séparation entre deux classes de créanciers.

Cette loi a été vivement critiquée par le président Favre (2) qui va jusqu'à supposer qu'elle est le produit d'une interpolation de Tribonien, il lui reproche de violer le principe que tous les biens présents et à venir d'un débiteur répondent de ses dettes.

(1) Toutes ces conséquences sont contenues dans les textes suivants : Inst. II, 12, pr. — LL. 4 § 1, 5 et 15, § 1; D. XLIX, 17; — L. 1, § 3, D. XIV, 6; — L. 12, XLIX, 17. Toutefois, si le fils mourait *intestat*, le père recueillait les biens *jure peculii*; c'est à partir de Justinien seulement qu'il les recueille *jure communi*. Inst. II, 12 pr.

(2) Ant. Faber *Jurisprudentia Papiniana* . VI, 5, Illatio 3.

Doneau (1) approuve, au contraire, l'extension de notre bénéfice en cette matière, parce que les créanciers en contractant avec le fils alors qu'il n'était pas encore militaire n'ont pu compter sur le pécule *castrense*, tandis que, au contraire, ceux qui ont traité avec le fils depuis son entrée au service avaient principalement en vue ce pécule pour gage. Mais la considération principale qui a motivé la concession de ce bénéfice me paraît être celle énoncée plus haut, à savoir que le fils est pour tout ce qui concerne son pécule *castrense* comme un véritable père de famille ; donc les créanciers *ex causa castrensi* ont traité avec lui comme avec un père de famille, ils n'auront pas d'autre débiteur et le pécule *castrense* sera jusqu'à la mort du père leur seule ressource. Les créanciers antérieurs au service militaire n'ont, au contraire, traité qu'avec un fils de famille et ils peuvent par la voie des actions *adjectitiæ qualitatis* ou même de la *condictio* (2), s'adresser au père pour le payement de ce qui leur est dû. Ils pourront par exemple, agir, *de peculio* contre le père, ce que la loi 18 § 5, *De castrensi peculio* (49, 17) ne permet pas aux créanciers *castrenses* ; le père ne défendra à l'action intentée contre lui par ces derniers que comme le premier défendeur venu en donnant caution *ratam rem filium habiturum*. Il n'est donc pas surprenant que le préteur ait séparé les deux classes de créanciers et qu'il ait assigné à ceux qui n'ont

<hr>

(1) *De separat.* § 1.
(2) Inst. IV, 7, § 8.

pas d'autre recours le pécule *castrense* comme gage, à l'exclusion des autres. Ce qui confirme cette interprétation, c'est la fin même de notre texte : Ulpien y suppose que le père ait tiré un profit d'un contrat passé entre le fils et un tiers, même postérieurement au pécule *castrense*, alors, dit-il, *forte poterit et creditori contradici ne castrense peculium inquietet quum possit potius cum patre experiri*. Le jurisconsulte pense donc qu'il vaut mieux réserver le pécule *castrense* pour ceux qui n'ont pas la ressource de l'action *in rem verso*.

Le président Favre (*loc. cit.*) s'est encore élevé énergiquement contre cette décision qu'il attribue à Tribonien ; il pense que l'action de *in rem verso* est périlleuse, que la preuve du profit tiré par le père peut être difficile et que priver le créancier de l'action principale, qui ne présente aucun danger et ne nécessite aucune preuve en le contraignant à intenter l'action accessoire, c'est causer un dommage inique au créancier ; car *si cum uno actum est cum altero agi non potest* (1).

Je ne pense pas que notre loi mérite ces critiques ; car d'une part elle ne pose point une règle invariable mais indique seulement qu'il pourra y avoir lieu..... et *forte poterit...*, il est donc vraisemblable qu'on déciderait autrement, si cette action était réellement périlleuse ; et d'autre part la règle *si cum uno actum est* posée à l'occasion de l'action exercitoire n'est sans doute pas rigoureu-

(1) L. 1, § 21, D. XIV, 1.

sement applicable ici; et la loi 4, § 5, D. *quod cum eo*, (14, 5), contient une décision qui pourrait parfaitement être étendue à ce cas par analogie. Ce texte commence par poser en principe que si l'on agit *de peculio*, on ne peut plus ensuite agir par l'action *quod jussu*; puis il ajoute : *sed si deceptus de peculio egit putat Celsus succurrendum ei, quæ sententia, habet rationem.*

§ 2. — *Pécule* quasi castrense.

La décision de notre loi doit-elle être étendue au pécule *quasi castrense ?* Il semblerait d'abord que non, puisque Ulpien ne parle que du pécule *castrense* et qu'il s'agit là d'une sorte de privilége accordé aux créanciers *castrenses*; néanmoins je crois qu'il y a lieu d'accorder aux créanciers du pécule *quasi castrense* le même bénéfice. Il n'est d'abord pas surprenant que Ulpien n'ait pas fait mention dans notre texte du pécule *quasi castrense*, car il n'existait très-vraisemblablement pas de son temps. Il est vrai qu'un autre texte de lui contient la mention du pécule *quasi castrense* (1), mais cette mention me paraît être le fruit d'une interpolation. *Hæc omnia locum habebunt in paganis*, est-il dit d'abord dans ce texte; puis il ajoute par opposition *qui habent castrense peculium vel quasi castrense...*; or, on comprend parfaitement que le jurisconsulte oppose aux *pagani*

____

(1) L. 7, 16, D. 39, 5.

ceux qui ont un pécule *quasi castrense*, c. à. d.
les militaires, mais on ne comprend pas qu'on
leur oppose ceux qui ont un pécule *quasi castrense* et qui ne sont eux-mêmes que des *pagani*.
Les mots *vel quasi castrense* me paraissent donc
être l'œuvre des commissaires de Justinien.

C'est Constantin qui, le premier, accorda ce
pécule à ceux qui exerçaient des charges à sa cour:
il annonce bien dans la constitution unique, au
Code, *De castrensi omnium palatinorum peculio*
être l'auteur de cette innovation ; et on ne comprendrait pas un pareil langage, si le pécule *castrense* existait déjà un siècle auparavant. Enfin
cette même constitution indique bien que ce nouveau pécule était introduit à l'imitation du pécule
castrense : « *Ut castrense peculium habere præcipi-
mus.* » Il est donc naturel d'accorder aux créanciers *quasi castrense* le susdit bénéfice, en vertu
de la maxime « *ibi eadem ratio ibidem jus.* » Et le
magistrat, en faisant cette extension n'agira que
d'après les préceptes de l'édit d'Hadrien : « *si
» quid præter id quod constitutum emerserit, offi-
» cium sit eorum qui in magistratu sunt, id conari
» dirimere et remedium adhibere secundum eorum
» quæ jam disposita sunt consequentiam* (1). »

(1) *De confirmatione Digestorum*, § 18. En agissant ainsi le préteur
ou le président de province ne dérogent pas à l'édit Salvien, ils ne font
que le compléter par des emprunts faits aux principes mêmes de cet
édit.

§ 3. — *Fisc*.

Je rattache à cette matière un cas de séparation mentionné par Ulpien à la loi 3 § 4, *in fine*, *De minoribus*, (4. 4), et qui n'est d'ailleurs pas plus que le précédent un véritable cas de séparation des patrimoines. L'empereur Claude y décide que lorsque les biens du père seront saisis par le fisc *ob debitum*, le pécule du fils sera séparé du reste des biens et lui sera réservé. Il y avait là sans doute une dérogation considérable aux principes relatifs au pécule qui n'était alors entre les mains du fils qu'une fraction du patrimoine du père. Aussi ne faudrait-il pas étendre cette décision à la vente des biens du père par des créanciers ordinaires ; car la concession que Claude a faite sur le fisc, son trésor impérial, est un pur bienfait, complétement en dehors des règles ordinaires.

Notre loi paraît en contradiction avec un autre texte également d'Ulpien, la loi 4 § 4, D. *Quando de peculio...*, (15, 2) d'où il ressort que le fisc s'est emparé du patrimoine du père, le pécule y compris. Mais cette contradiction n'est qu'apparente, car dans ce dernier texte le jurisconsulte suppose que les biens sont saisis *ob delictum*, en vertu d'une publication, car le père est condamné à la déportation ; tandis que dans le premier les biens ne sont saisis qu'*ob debitum* ; l'espèce n'est donc pas la même.

SECTION III.

Héritier nécessaire.

La loi 1 § 18 traite d'un bénéfice de séparation accordé à l'héritier nécessaire.

On sait que la *venditio* des biens du défunt insolvable se faisait sur la tête de l'esclave institué héritier, et que celui-ci, *heres necessarius*, ne pouvait, en refusant la succession, éviter la note d'infamie, qui n'atteindra pas ainsi la mémoire du défunt.

La vente des biens terminée, l'héritier nécessaire, d'après les principes du droit civil, ne serait pas libéré ; car, comme le dit Gaius (1), *cæterorum hominum quorum bona venierint pro portione, si quid postea adquirant etiam sæpius bona venire solent.* C'est cette conséquence rigoureuse que le préteur écartait en accordant à l'héritier nécessaire le droit de séparer des biens héréditaires ceux qu'il avait acquis depuis la mort du maître et devait acquérir dans la suite.

L'*heres suus necessarius* avait un bénéfice semblable appelé *jus abstinendi*. Cette différence de terminologie était significative ; on n'aurait pas compris qu'il pût y avoir un *jus separationis* pour l'héritier d'un patrimoine qui avait pour ainsi dire toujours été le sien ; « *vivo quoque patre quodammodo dominus existimatur.* » Tandis que

(1) Comment. II, § 155.

l'héritier nécessaire demandait au préteur de séparer les biens héréditaires des siens propres, le fils de famille se contentait de signifier au préteur qu'il s'abstenait du patrimoine paternel (1). Une seconde différence entre ces deux bénéfices tient également aux conditions distinctes des deux héritiers. Il eût été trop dur de vendre les biens paternels sous le nom du fils qui se trouverait ainsi forcément noté d'infamie sans avantage aucun; tandis que l'esclave était considéré comme suffisamment récompensé de cette déchéance par l'acquisition de la liberté.

Il pouvait arriver cependant que le fils de famille fût dans le cas de réclamer du préteur le *jus separationis;* cela se présentait lorsqu'un esclave de son pécule *castrense* avait été institué héritier par son père, alors cet esclave « *filium necessarium heredem patri facit* (2). »

Gaius (3) exige pour que les acquisitions de l'*heres necessarius* lui soient réservées qu'elles ne proviennent pas « *ex hereditaria causa... velut si ex eo quod. Latinus acquisierit locupletior factus sit.* » Voici l'explication de cette phrase : Gaius suppose que le *de cujus* avait de son vivant affranchi un esclave qui était devenu seulement latin. Ce latin qui « licet ut liber vitam suam per-
» agebat attamen ipso ultimo spiritu simul ani-

(1) L. 71, § 1, D. XXIX, 2.
(2) L. 18, pr. D. XLIX, 17.
(3) C. II. § 155.

» nam atquo libertatem amittebat (1), » meurt
après le *manumissor*, ses biens iront *tanquam
peculia servorum* (2) à l'héritier qui ne pourra les
conserver, car ils proviennent *ex causa hereditaria.*

Les derniers mots de la loi 1 § 18 (h t.) « *sed
etsi quid ei a testatore debetur* » ne sont pas d'une
interprétation facile. Comment le testateur pou-
vait-il devoir quelque chose à son esclave? Voici
l'interprétation qui a été présentée : il faut supposer que la créance ne prend réellement naissance qu'après la mort du maître, bien qu'elle se
rattache à un fait qui s'est passé du vivant du
maître. Ainsi le maître a été institué héritier par
un tiers à la charge d'un legs conditionnel au
profit de son esclave. Ici la règle Catonienne ne
sera pas applicable à cause de la condition qui
affecte le legs ; les Proculiens cependant n'en
admettaient pas la validité, mais l'opinion contraire a prévalu comme on le voit aux Institutes,
De legatis, (II, 20, § 32.) Or si la condition s'accomplit alors que l'esclave est affranchi, le legs
sera valable : c'est ce qui a lieu si l'esclave légataire sous la condition « si liber erit » *est heres
necessarius*. Il aura donc en ce cas une créance
contre l'hérédité.

On s'est demandé également s'il n'était pas
question dans notre texte d'une créance naturelle
de l'esclave sur le maître? Non, a-t-on dit,

<hr>

(1) Instit. II, 7, § 4.
(2) Gaius, C. III, § 68.

car la créance de l'esclave fait partie de son pécule
lequel à la mort du maître se réunit au patrimoine pour former le gage de tous les créanciers (1).
Je ne pense pas non plus qu'il soit possible
d'admettre qu'une créance naturelle ait pu subsister ; toutefois j'arrive à cette solution par un
raisonnement différent. Je ne pense pas que la
créance de l'esclave se trouve à la mort du maître
confondue avec le pécule dans le patrimoine ; et
voici pourquoi : au moment de la mort du maître,
trois événements simultanés se produisent immédiatement : l'esclave devient libre ; il est héritier ;
et la confusion éteint la créance naturelle qu'il
avait sur le défunt. Plus tard il demande le bénéfice de séparation ; ce bénéfice accordé ferait renaître les droits qu'il avait sur le défunt et que la
confusion des personnes a seule paralysés *quod
ei a testatore debetur*; elle les ferait renaître,
dis-je, si la confusion en éteignant la créance
naturelle, qui ne tombe pas ainsi avec le pécule
dans le gage commun, ne créait pas pour les créanciers un résultat unique. Or on sait que la confusion est moins un mode d'extinction qu'une
impossibilité de fait et que les tiers doivent pouvoir en restreindre les effets toutes les fois qu'ils
y ont intérêt. C'est ainsi que lorsque le débiteur
succède au créancier, l'obligation dont l'héritier
était tenu sera considérée comme existant encore

---

(1) M. Machelard ; *Des obligations naturelles*, pp. 193 et 194 ;
M. Labbé ; *De la confusion considérée comme cause d'extinction des
obligations*, §§ 273 et suivants.

pour le calcul de la quarte Falcidie (1).

M. Labbé (*loc. cit.*) admet que la créance naturelle survivra au profit de l'esclave si, au lieu de
provenir des affaires du pécule, elle a pour cause
un service important rendu au maître par l'esclave, qui, par exemple, lui a sauvé la vie. Il me
semble que, malgré la nature toute favorable
d'une semblable créance, la rigueur des principes
ne peut permettre cette distinction.

Le texte, au cas où l'*heres. necessarius* aurait
une créance contre le défunt, lui donne le droit
de séparer, c'est-à-dire de prélever et de retenir ce
qui lui est dû. C'est bien là, je pense, ce qu'il
faut admettre; sans doute il échappera par là à la
loi commune de la distribution au marc le franc,
mais cet avantage sur les autres créanciers est
facilement explicable quand on réfléchit que nous
sommes ici dans une matière exceptionnelle et
que le préteur a voulu accorder à l'affranchi un
bénéfice qui atténue un peu les effets rigoureux
de sa position d'*heres necessarius*.

SECTION IV.

Séparation accordée au patron de l'affranchie.

La loi 6 § 1 D. (h. t.) donne au patron, dont
l'affranchie instituée héritière fait adition d'une
hérédité onéreuse, le droit de faire séparer de
cette hérédité les biens de l'affranchie. Comment

(1) L. 1, § 18, D. XXXV, 2.

expliquer ce texte, pourquoi Julien n'y parle-t-il que de l'affranchie et pas de l'affranchi ; a quelle occasion le patron pourra-t-il excercer ce droit de séparation ?

Le texte est muet sur ces points ; plusieurs explications ont été présentées (1). Je vais indiquer la seule qui me paraisse vraisemblable ; mais il est difficile de s'exprimer à cet égard avec quelque certitude.

L'affranchie meurt peu après avoir recueilli cette hérédité onéreuse et alors qu'il n'y a pas encore de confusion entre les deux patrimoines. Le patron vient presque infailliblement à la succession ; et c'est là ce qui nous explique que le texte parle d'une affranchie ; celle-ci, en effet, à l'époque de Julien, c'est-à-dire sous Hadrien, n'a pas encore d'héritiers siens ; ce n'est qu'à partir du sénatus-consulte Orphitien que les enfants sont appelés à l'hérédité de leur mère, c'est-à-dire sous Marc-Aurèle. De plus il est difficile que l'affranchie puisse avoir des héritiers testamentaires autres que le patron, puisqu'elle ne peut tester qu'avec l'autorisation de ce patron, *tutore auctore*. Celui-ci arrive donc à la succession de l'affranchie, comme l'agnat le plus proche et trouvant les biens du défunt insolvable et ceux de l'affranchie non encore confondus en fait, il en demande et obtient la séparation. Mais comment expliquer que le patron puisse deman-

(1) Zoesius ad pandectas; De separat. § 3; — Doneau, t. VI, p. 61, § 7; — Woet, De separat. § 1; — Grande Glose ad hanc legem.

der un semblable bénéfice, puisqu'il a été libre d'empêcher l'affranchie, sous sa tutelle, de faire adition, en lui refusant son autorisation ?

La solution de cette question se trouve probablement dans notre texte qui mentionne à deux reprises que l'affranchie avait seulement obtenu la *bonorum possessio secundum tabulas* ; toutefois l'explication que je donne ici est assez hypothétique : probablement l'affranchie qui ne pouvait faire adition d'hérédité, comme tout autre acte solennel, sans l'autorisation du patron, trouvait dans la *bonorum possessio* que lui accordait le préteur un moyen d'éluder cette exigence. Ceci paraîtra vraisemblable, si l'on réfléchit combien sous les empereurs la tutelle des femmes avait perdu de son énergie, au point que Gaius nous dit à propos des femmes : *ipsæ sibi negotia tractant et in quibusdam causis dicis gratia tutor interponit auctoritatem suam, sæpe etiam invitus auctor fieri a praetore cogitur* (1).

Il est vrai que ce texte ne parle pas spécialement des affranchies ; mais ne peut-on croire que pour elles aussi il y avait eu un changement de condition semblable, quoique moins considérable.

Toutefois il est possible que Julien, dans notre texte, ait simplement répondu sur un cas spécial, ce qui expliquerait toutes les particularités que j'y trouve.

___
(1) C. 1, § 190, *in fine.*

On peut supposer encore que le patron recueille le biens de l'affranchie qui retombe en servitude pour cause d'ingratitude.

Le bénéfice de séparation accordé au patron ainsi compris paraît avec un rôle tout différent de celui des actions Calvisiana et Faviana. Car le patron peut demander la séparation par le seul fait que la succession recueillie était onéreuse, sans avoir à prouver le *consilium fraudis* et sans que la *pars successionis debita patrono* fût entamée par l'adition d'hérédité.

En revanche, ces actions étaient perpétuelles, tandis que, comme nous le verrons plus loin, la séparation des patrimoines ne pouvait être demandée que pendant 5 ans (1).

SECTION V.

Substitution pupillaire.

C'est une question délicate que celle de savoir dans quels cas le substitué pupillaire peut obtenir la séparation des patrimoines du père et du pupille; la solution en nécessitera des développements qui paraîtront peut-être un peu étendus pour le cadre de cette thèse, mais que je crois indispensables. Il faudra, en effet, rechercher d'abord quelle est la véritable portée de cette idée, *licet unum testamentum sit alia tamen atque alia hereditas est* (2), d'où il semblerait ré-

---

(1) Gaius, C. III, §§ 10, 11 et 12; I.L. 1, §§ 3, 4 et 6; 3, §§ 1 et 3 t 5, D. XXXVIII, 5.

(2) M. Accarias (*Précis du droit romain*. t. 1, pp. 515 et 516) pense

sulter qu'on pourrait refuser l'hérédité désavantageuse et accepter l'autre, sans qu'il soit besoin de recourir au bénéfice prétorien de la séparation des patrimoines. Ce premier point éclairci je pourrai alors seulement examiner quels sont dans cette matière les cas d'application de notre bénéfice.

Je divise, d'après cela, cet exposé en deux paragraphes.

1. — *Peut-on* ipso jure *accepter une des deux successions et refuser l'autre.*

Je commence par mettre de côté deux cas où

que cette idée n'a pas toujours été acceptée et qu'originairement les deux hérédités n'en formaient qu'une seule. Cette précieuse remarque donnera la clef de plusieurs divergences qui apparaîtront entre les jurisconsultes, dans l'exposé de ce qui va suivre. Les jurisconsultes, en effet, qui à ma connaissance repoussent l'idée des deux hérédités, sont Nératius, qui vivait sous Trajan et considérait l'hérédité du fils comme arrivant, *jure accrescendi*, à celui qui est en même temps institué et substitué (L. 59, D. XXIX, 2), Javolenus, contemporain du précédent (L. 28, D. XLII, 5), et Julien, sous Hadrien, (LL. 4) et 4?, D. XXIX, 2), qui sans être aussi affirmatifs que Nératius, repoussent cependant des conséquences de la dualité des hérédités. Toutefois il faut remarquer, quant à Julien, qu'il paraît adopter, dans la loi 6, D. XXVIII, 6, cette dualité. Il est donc probable que, déjà sous ce jurisconsulte la question était fort controversée.

Les jurisconsultes du camp opposé sont, au contraire, d'une époque plus avancée, les quatre principaux sont Gaius, (C. II, § 180), Papinien (L. 12, XXVIII, 6), Paul (L. 11, Code), Ulpien (LL. 2, § 4, Code et 2, § 2, XVIII, 4), qui tous vivaient sous les Antonins. Il est certain que l'idée *alia atque alia hereditas*..... avait triomphé à l'époque de ces grands jurisconsultes dont l'autorité était telle que la fameuse loi des citations (L. 3, § 3, Cod. Théod. *De resp. prud.*) lui donna une consécration presque exclusive. J'admettrai donc en principe la dualité des hérédités dans cet exposé ; il reste à en déterminer la portée.

le doute n'est pas possible : celui où le substitué n'est pas en même temps institué, car il prend le patrimoine du pupille tel qu'il lui est transmis par celui-ci et il n'y a plus lieu de distinguer ce qui vient du père de ce qui vient du fils, car *juncta hereditas cœpit esse* (1) ; et celui où le substitué a été institué en cette forme, *quisquis mihi heres erit et filio impuberi mortuo heres esto*, évidemment alors il ne pourra venir à la succession de l'impubère sans avoir accepté celle du père.

Ceci posé, je distingue le cas où il s'agit d'un *heres suus* substitué de celui où c'est un étranger qui est substitué pupillaire.

A. — Le *suus heres* ne peut refuser la succession du père, il peut seulement user du bénéfice d'abstention que lui accorde le préteur, mais son abstention n'empêchant pas qu'il ne reste héritier et le testament, avec la substitution, se trouvant maintenu *nudo heredis nomine*, il pourra venir cependant *ex substitutione* recueillir la succession du pupille exhérédé (2).

B. — 1° Le substitué pupillaire *extraneus* peut-il d'abord répudier la succession du père et accepter ensuite celle du fils ? Si le substitué est institué *ex asse*, sans avoir lui-même un substitué, et que le pupille soit exhérédé et n'intente pas la *querela inofficiosi testamenti*, il ne pourra

----

(1) Ulpien, L. 10 § 2, D. XXVIII, 6.

(2) L. 41, D. *De acquir. vel omitt. hered.* XXIX, 2. Voy. Thomas Papillonius, *Des substitutions, Parisiis, apud Petrum Durand*, MDCXVI, in-18.

(le substitué) refuser la succession du père pour venir à la succession du fils ; car par le fait de son refus le testament se trouve *destitutum*, ce qui entraîne la nullité de la substitution. Toutefois si, *omissa causa principalis testamenti, la bonorum possessio* était accordée, cette efficacité donnée au testament du père suffira pour empêcher que la substitution ne s'évanouisse (1).

Si le substitué est institué *ex parte* avec le pupille ou d'autres cohéritiers, pourra-t-il venir à la succession du pupille après avoir refusé la succession du père (2) ? Il semblerait bien que oui, puisque alors le testament se trouve maintenu par l'acceptation des autres cohéritiers et puisqu'il y a deux hérédités, comme le dit Ulpien dans la loi 2 § 4, *De vulg. et pupill. subsit.* Cependant c'est le même Ulpien qui dans la loi 10 § 3 D. *eod.* déclare que le substitué institué pour partie qui a refusé la succession du père ne peut venir à celle du fils. Et le même jurisconsulte dans un troisième texte, la loi 40, *De acquir. vel omitt. hered.* paraît revenir à sa première doctrine. On se demande dans cette loi si celui qui, sans rien prendre dans l'hérédité paternelle, acquiert ou fait quelque chose par la volonté du père, comme s'il vient à une substitution pupillaire, est tenu des dettes paternelles. Julien répond affirmativement ; mais Marcellus, avec l'ap-

---

probation d'Ulpien, distingue suivant que le substitué était institué *ex asse* ou *ex parte*, dans ce dernier cas, dit-il, le substitué pourra *remota patris successione impuberis hereditatem amplecti* (1). Cette distinction ne se comprendrait pas s'il s'agissait d'un *heres suus* substitué, puisqu'il ne peut jamais répudier la succession du père et que le testament est toujours maintenu *nudo heredis nomine* malgré l'abstention; peu importe donc qu'il soit institué *ex asse* ou *ex parte*. Aussi Cujas établit ainsi qu'il s'agit d'un *heres extraneus* (2) : « *Id vero, ut omnes doc-* » *tores consentiunt recte, est de extraneo ex asse* » *instituto et substituto filio testatoris,* » et plus bas « *quæsitum est an licet quis; non dicit Ulpia-* » *nus an licet quis filius vel suus heres, sed an* » *licet quis.......* » Mais comment expliquer l'antinomie qui paraît exister entre les deux solutions d'Ulpien, celle de la loi 10 § 3, *De vulgari et pupillari substitutione,* et celle de la loi 40, *De acquir. vel omitt. hered.?* Je crois qu'on en peut trouver l'explication dans l'hypothèse particulière que prévoit la loi 10 § 3, ce texte suppose spécialement le cas où c'est le fils impubère qui

(1) Il est singulier que Julien dans un autre texte (L. 27, § 2, D. XXXVI, 4), ait donné précisément la même solution qu'Ulpien et Marcellus ; je renonce à expliquer une semblable antinomie autrement que par cet état d'indécision qu'il y avait au temps de Julien dans la doctrine, au sujet de la division des deux hérédités, et que j'ai déjà signalé ci-dessus, en note.

(2) *Ad leg.* 40, *De acq. vel omitt. hered.*: édition de Naples, t. VII col. 175.

est le cohéritier du substitué ; or, après avoir
démontré que si le substitué n'a pas été institué,
il ne peut diviser les deux hérédités « *quia juncta
heredilas cœpit esse,* » il ajoute immédiatement :
« *idemque est, si pater me heredem scripserit ex
» parte, et filium ex parte et ego patris hereditatem
» repudiavero*..... » En effet, j'ai répudié l'hérédité du père, le fils restera donc seul héritier ; et
plus tard je ne pourrai venir réclamer l'hérédité
du fils, car celle du père s'y trouve confondue et
je ne puis plus y rien prétendre après ma répu-
diation. Mais dans la loi 40 il n'est pas indiqué
que le pupille fût institué en même temps que le
substitué ; et c'est probablement pour le cas où
l'hérédité de l'impubère est complétement distincte de celle du père qu'Ulpien a donné une
solution différente.

2° Peut-on accepter la succession du père et répudier celle de l'impubère ? M. Dollinger (*loc.
cit.*) répond affirmativement, mais sans indiquer
de textes ou de motifs à l'appui. Je pense, au
contraire, que la réponse doit être négative. La
loi 52 § 1, D. *De acquir. vel omitt. hered.* (29, 2)
décide, en effet, que celui qui est institué *pure*
pour une partie et conditionnellement pour
l'autre, devient héritier pour le tout, s'il a fait
adition *pendente conditione* pour sa part à moins
qu'il n'ait lui-même un substitué. Or, c'est le
cas du substitué pupillaire institué pour partie,
il devient par le prédécès de l'impubère héritier
pour le tout et ne pourra refuser ce qui est là

conséquence de son adition, à moins qu'il n'ait lui-même un substitué. La loi 53, § 1, pourrait également fournir un argument. Toutefois Justinien, qui donne la solution que j'indique, présente la question comme ayant été anciennement controversée (1).

§ 2. *Dans quels cas la séparation des patrimoines sera-t-elle nécessaire pour séparer les deux hérédités ?*

Evidemment dans un cas où le substitué se trouve avoir réuni les deux hérédités entre ses mains sans pouvoir répudier l'une et accepter l'autre ; mais dans ces limites sera-t-elle toujours accordée ?

Je distingue encore s'il s'agit d'un *suus heres* ou d'un *extraneus.*

A. Un père laisse deux fils dont l'un est institué et substitué à l'autre également institué, ou dont l'un impubère est exhérédé et l'autre institué pour le tout et substitué, ou bien encore tous les deux sont institués *et invicem substituti.* C'est à l'une de ces hypothèses que se réfère la loi 12, D., 28, 6 ; Papinien y déclare que si un fils est appelé à la succession de son père, puis à celle de son frère en vertu d'une substitution, il lui sera permis de s'abstenir de l'une et d'accepter l'autre ; puis il ajoute que le pré-

(1) L. 20, Code VI, 30.

teur fera bien d'accorder la séparation des patrimoines du père et du fils, parce qu'en l'absence
de testament, le frère serait venu comme héritier
légitime à la succession de son frère sans avoir à
payer les dettes du père. Plusieurs interprètes (1)
veulent que le pupille impubère ait été exhérédé et que l'autre fils soit institué pour le tout.
Pourquoi cette supposition? Papinien ne dit rien
de semblable; il me paraît même, s'il en était
ainsi, qu'il n'y aurait pas place pour la séparation des patrimoines. En effet, l'héritier qui
s'abstient n'en reste pas moins héritier en droit
civil; le pupille exhérédé laisse une hérédité
avantageuse par suite de successions ou donations
qu'il a pu recueillir depuis la mort de son père;
s'il meurt *ante pubertatem*, pourquoi le substitué
ne viendra-t-il pas prendre purement et simplement cette seconde hérédité qui est bien distincte
de la première, puisque le pupille était exhérédé?
Pourquoi l'obliger à demander au préteur, qui
lui a déjà accordé le bénéfice d'abstention, la
séparation des patrimoines, lorsque ces patrimoines ne reposent point sur une même tête?

La preuve qu'il n'en est pas ainsi se trouve
dans la loi 41, *De acq. vel amitt. hered.;* il y est
dit que le substitué qui s'est abstenu de l'hérédité
paternelle et qui se porte héritier du pupille
exhérédé (ici on a bien soin d'indiquer le pupille exhérédé), peut obtenir la succession du

<hr>

(1) Dollinger (*loc. cit.*); *Cujas, loc. cit.* col. 177, B; *Trésor d'Otto*,
t. IV, col. 751.

pupille *ex substitutione*. Il n'est donc pas question de séparation des patrimoines ; c'est seulement *ex substitutione*, par la force de la substitution, que le substitué peut venir prendre la succession du pupille. Aussi Cujas (*loc. cit.*) me paraît-il s'être trompé lorsqu'il a vu dans la loi 12, D., *De vulg. et pupill. subst.*, et dans la loi 41, *De acq. vel amitt. hered.*, la même hypothèse.

Quelle est donc l'hypothèse que prévoit Papinien dans la loi 12 ? C'est, me semble-t-il, l'hypothèse la plus ordinaire, qu'il n'y avait pas besoin de déterminer autrement qu'elle ne l'est ; celle où les deux fils sont tous les deux héritiers sans aucune exhérédation : le substitué pupillairement, ou l'un des deux substitués (car ils peuvent être *invicem substituti*), s'abstient, puis l'autre meurt peu après, *ante pubertatem*, sans avoir payé les dettes du défunt.

C'est alors qu'il sera important de savoir si le substitué peut faire séparer dans la succession du pupille le patrimoine de celui-ci du patrimoine du père ; et Papinien dit alors qu'à son avis le préteur agira plus équitablement en accordant la séparation des patrimoines. Ne voit-on pas cette forme de langage *justius enim praetorem facturum existimo....* que cette solution ne va pas sans un certain effort ; ce qui serait incompréhensible si le pupille était exhérédé.

Papinien indique un intérêt de cette séparation des patrimoines, c'est que, relativement aux legs imposés au substitué, la quarte Falcidie n'est pas comptée sur l'héritage paternel, mais sur le propre héritage du pupille.

Que décider dans le cas où le pupille s'est abstenu et meurt *ante pubertatem*, son frère substitué qui vient à sa succession sera-t-il aussi déchargé des dettes paternelles? Il me semble que la solution est la même que dans le cas où le pupille est exhérédé et que le frère peut venir à la succession du pupille qui s'est abstenu sans avoir à s'occuper de la succession du père, l'idée qui doit toujours prédominer étant celle-ci : *alia atque alia heredi-tas est.* Il n'y aurait donc pas besoin dans ce cas de recourir à la séparation des patrimoines pas plus que lorsque le pupille est exhérédé. Cependant cette solution a été contestée et on s'est basé pour cela sur la loi 42. D., *De acq. vel. amitt. hered.* (1).

Je laisse de côté le commencement de cette loi sur laquelle je reviendrai plus bas en parlant des héritiers externes et je passe à la fin du *principium.* Marcellus y soutient que le frère substitué au pupille qui s'est abstenu, pourra venir à son hérédité sans être obligé de payer les dettes du père, parce que, dit-il, *omissa causa testamenti ab intestato possidebit hereditatem.*

Ulpien ajoute qu'ici en parlant du frère, c'est du frère du père, c'est-à-dire de l'oncle du pupille qu'il est question, parce que ces mots *omissa causa testamenti* ne peuvent pas s'appliquer au

---

(1) Voy. en ce sens Dollinger (*loc. cit.*); *Cujas ad leg.* 42 (*loc. cit.*).

frère du pupille qui est héritier sien et du père et de l'impubère *quia quos possum heredes mihi facere necessarios possum et filio* et, par conséquent, ne peut refuser l'hérédité de son frère (1).

Faut-il conclure de l'observation d'Ulpien qu'à son avis le frère de l'impubère soit chargé des dettes paternelles. Je ne le pense pas; Ulpien fait remarquer que le raisonnement de Marcellus *omissa causa testamenti*... n'est pas applicable au frère de l'impubère, parce qu'il doit venir nécessairement à la succession ; mais cela ne veut pas dire qu'il doive être tenu des dettes du père, puisque l'impubère, au moyen du bénéfice d'abstention, a séparé son patrimoine de celui de son père et que dès lors la situation se trouve être la même que si le pupille avait été exhérédé.

B. Le substitué pupillaire est *extraneus*.

S'il est institué *ex asse* nous savons qu'il ne pouvait refuser la succession du père et prendre la succession du fils; il y aura donc lieu dans ce cas à rechercher s'il peut y avoir séparation de

---

(1) Je remarquerai d'abord qu'Ulpien ne présente pas cette interprétation comme certaine; il dit *Credo*... Je me demanderai si cette interprétation est bien exacte et s'il ne s'agit pas réellement dans l'idée de Marcellus du frère de l'impubère. Il suffirait pour confirmer mon interprétation de traduire les mots *omissa causa testamenti* non pas en *refluant l'institution testamentaire*, mais *en laissant de côté l'institution testamentaire, en supposant qu'il n'en ait pas été fait*. Ce qui confirmerait cette traduction c'est le rapprochement de la loi 11 *De vulg. et pupill. substitut. Quod remotis tabulis legitimam haberet hereditatem.* La traduction de cette phrase est bien celle que je donne; et cependant l'hypothèse prévue par ce texte est presque identique à celle de notre loi. Néanmoins le témoignage d'Ulpien a une telle importance, que ce que j'avance ici est une simple supposition.

ces patrimoines qui sont nécessairement réunis dans la même main.

S'il est institué *ex parte*, il faudra pour savoir si la séparation des patrimoines peut être accordée dans ce cas rechercher s'il peut refuser la succession du père et accepter celle du fils ou *vice versa*, auquel cas la séparation des patrimoines serait inutile, ou si cela ne lui est pas permis et alors notre bénéfice aurait sa raison d'être. Je pense, dans ces deux cas, que la séparation des patrimoines pourra être accordée, si un motif d'équité vient justifier cette concession du préteur; toutefois je ne connais aucun texte qui en porte la trace.

Dans le cas particulier où le pupille impubère s'est abstenu de l'hérédité, certains textes paraissent accorder la séparation des patrimoines au substitué ou la lui refuser. C'est d'abord la loi 42 D., *De acq. vel amitt. hered.* Cette loi rapporte une controverse qui existait à cet égard entre Julien et Marcellus. Julien y déclare que, bien que le bénéfice d'abstention, accordé à un héritier sien et nécessaire, profite généralement à celui qui recueille sa succession, il n'en sera pas ainsi lorsque ce dernier viendra en vertu d'une substitution. Il faut rapprocher cette décision de la loi 28, D., *De reb. auctorit. judic. poss.* (42, 5.) Où Javolenus se prononce dans le même sens en disant que ce qui le touche le plus, c'est qu'il n'y a qu'un seul testament: *me illud maxime movet quod praeceptoribus tuis placet unum esse testa-*

mentum. Et, pour continuer son raisonnement, il suffit que le substitué vienne réclamer quelque chose en vertu de ce testament, la succession du pupille dans l'espèce, pour qu'il soit tenu de toutes les obligations qui résultent de ce testament. Sans doute, on a accordé le bénéfice d'abstention à l'impubère, *quoniam filii pudori parcitur*, mais *non idem servandum est in substituto filio.*

Marcellus, dans la loi 42, critique cette solution avec l'approbation d'Ulpien, parce qu'elle est contraire à l'intérêt du pupille qui doit désirer ne pas mourir *ab intestat;* et il est à présumer que le substitué ne veuille pas venir recueillir l'hérédité du fils, s'il doit supporter les charges de l'hérédité du père : *metu enim onerum patris timidius etiam quis impuberis hereditatem adibit.*

Sans doute l'hérédité du pupille serait alors déférée aux héritiers *ab intestat;* mais Cujas (*loc. cit.*) explique l'intérêt du pupille à ce que le substitué vienne à sa succession par cette considération que celui-là qui a été choisi par le père avec mûre réflexion doit être admis préférablement aux héritiers légitimes qui, n'étant appelés que par la loi et sans la volonté du défunt, ne lui en gardent aucune reconnaissance. Cujas fait sans doute allusion à ces *sacra majorum*, ce culte des ancêtres, auquel les Romains tenaient tant; et nous savons qu'un héritier *ab intestat* pouvait s'en débarrasser en vendant l'hérédité *ab intestat*

avant l'adition, ce qui était impossible à l'héritier testamentaire (1).

Voilà donc la controverse qui existait entre
Javolenus et Julien d'une part, Marcellus et
Ulpien de l'autre. Cujas (2) propose un tempéra-
ment à la solution de ces deux derniers jurisconsultes. Il accorderait aux créanciers paternels
l'action contre le substitué qui serait venu à la
succession de l'impubère dans le cas seulement
où celui-ci n'aurait obtenu le bénéfice d'abstention qu'après s'être immiscé dans la succession
paternelle. Il résulte, en effet, de la loi 57 D., *De
acq. vel omitt. hered.* (29, 2.), que, tandis que
ce bénéfice n'était point accordé aux pubères
héritiers siens qui s'étaient immiscés, il l'était
malgré toute immixtion aux impubères. Cujas se
fonde, sans doute, sur ces mots *postquam pupillus
paternae hereditati miscuit* de la loi 28. Remarquons, cependant, que lorsque le pupille a obtenu
le bénéfice d'abstention, qu'il y ait eu ou non immixtion, on ne voit guère pourquoi ce bénéfice ne
produirait pas les mêmes effets pour les héritiers
du pupille que pour celui-ci. Quant aux mots :
postquam pupillus paternae.... de la loi 28, ils
arrivent inopinément dans cette loi qui commence par supposer que le pupille s'est abstenu
et décide d'une manière générale que le substitué
au pupille est tenu de toutes les dettes paternelles
et sans distinguer s'il y a eu ou non immixtion.

(1) Gaïus II, §§ 35 et 36; Ulpien XIX, §§ 13 et 14. Voy. suprà, p. 22.
(2) Loc. cit.; Papillonius, loc. cit.

Aussi est-il plausible de supposer, comme le président Favre (1), que ces mots sont une interpolation de quelque interprète ignorant, tant ils s'accordent peu avec le reste de la loi.

L'opinion de Marcellus et d'Ulpien est évidemment celle qui a dû prévaloir, la dualité des hérédités étant admise. Mais il n'y a point là une séparation des patrimoines, nulle part dans la loi il n'est parlé du bénéfice prétorien; tandis que Papinien, dans la loi 12, *De vulg. et pupill. substit.*, disait : *justius enim praetorem facturum existimo.*

En définitive je n'ai rencontré dans les textes qu'un cas de séparation des patrimoines du pupille et du père, c'est celui où le substitué *heres suus ex parte* vient à la succession de son frère impubère non exhérédé; c'est-à-dire le cas de la loi 12 *De vulg. et pupill. substit.*

(1) L. 1, 16, D., h. t.

CHAPITRE IV.

DE LA SÉPARATION DES PATRIMOINES HÉRÉDITAIRES.

DIVISION DE LA MATIÈRE.

Section I. — Qui peut demander la séparation des patrimoines?
Section II. — Contre qui est-elle demandée?
Section III. — Des causes qui rendent impossible la séparation des patrimoines.
Section IV. — Des effets de la séparation des patrimoines.

SECTION I.

Qui peut demander la séparation des patrimoines?

La séparation des patrimoines peut, en principe, être demandée par tous les créanciers du défunt, mais par eux seuls.

Ce bénéfice ne saurait donc être accordé aux créanciers de l'héritier, et déjà j'ai eu l'occasion d'en indiquer les raisons. On a vu, en effet, que ce droit ne leur est accordé que dans un cas unique, celui où un héritier fiduciaire ne trouve plus à qui restituer une hérédité onéreuse (1). Toutefois Ulpien, dans la loi 1re, § 5 (h. t.) décide que si l'héritier a fait adition par fraude d'une hérédité mauvaise, sans autre intention que celle de causer un préjudice à ses créanciers, ceux-ci peuvent, ce qui n'est pas facilement admis, obte-

(1) Antonius Faber; Conject. II, 2.

nir du préteur un recours *extraordinem*. Quel est ce recours, est-ce une séparation des patrimoines, une *restitutio in integrum ?*

Le texte n'en dit pas davantage... Nous trouvons une application de la même idée dans les §§ 7 et 8 de la loi 1ʳᵉ (h. t). Ulpien suppose dans le § 7 qu'un père a institué son fils impubère et lui a substitué pupillairement Titius. Le fils meurt *intra pubertatem*, mais après avoir recueilli l'hérédité paternelle ; de sorte que le substitué se trouvera avoir ainsi deux successions entre les mains. Les créanciers du père pourront demander la séparation des patrimoines contre ceux de Titius et contre ceux du fils ; les créanciers du fils ne pourront la demander que contre ceux de Titius et ces derniers contre personne. De même le § 8 suppose que Primus transmet sa succession à Secundus, lequel transmet la sienne à Tertius, lequel y trouve incluse celle de Primus. Les créanciers de Primus pourront demander la séparation des patrimoines contre ceux de Secundus et de Tertius ; les créanciers de Secundus contre ceux de Tertius seulement et ceux-ci contre personne. Dans ce cas, comme dans le précédent, il faut supposer que la double transmission s'est produite dans un intervalle de temps assez rapproché pour que la confusion de fait n'ait pas eu lieu.

Poser la question, qui peut obtenir la séparation des patrimoines, revient donc à chercher qui est créancier du défunt. La loi 10, D., De *verb.*

signif. (L. 10), contient l'indication de ceux qui sont créanciers : *creditores accipiendos esse constat eos quibus debetur ex quacumque actione vel persecutione, vel jure civili, sine ulla perpetuae exceptionis remotione; vel honorario vel extraordinario, sive jure, sive in diem, vel sub conditione.* Pour déterminer exactement quels sont ceux qui peuvent demander la séparation des patrimoines, je ne pourrais mieux faire que de développer successivement chaque terme de cette loi. Je divise cette explication en trois paragraphes

§ 1.

Peuvent donc réclamer ce bénéfice ceux auxquels il est dû quelque chose en vertu d'une action ou d'une poursuite quelconque *ex quacumque actione vel persecutione.* Nous voyons d'abord par là qu'il ne suffirait pas d'avoir une créance fondée sur un bien de droit purement naturel : *quod si natura debeatur non sunt loco creditorum...* dit notre loi, *in fine.*

Les mots *ex quacumque actione vel persecutione* indiquent deux sortes de procédures qui existaient alors simultanément à Rome : ou le magistrat, après avoir entendu les parties, les renvoyait devant le juge en leur délivrant la formule, ou il retenait l'examen de l'affaire et tranchait lui-même le différend. Le mot *actio*, pris alors dans son sens le plus large et comprenant l'action réelle et l'action personnelle, se rapporte à la première sorte de procédure appelée procédure formulaire ; le mot *persecutio* se rapporte, au contraire, à la seconde appelée procédure extraordinaire (1). (L. 178, § 2, *De verb. signif.*

Cependant, s'il faut que la créance de celui qui demande la séparation soit munie d'une action, il n'est pas nécessaire, comme le fait remarquer Pothier (2), que cette action ait pu être intentée contre le défunt. C'est ce qu'indique la loi 7, Dig., *De rebus auctorit. jud:* (42, 5) : *Hereditarium æs alienum intelligitur etiam id de quocum defuncto agi non potuit, veluti quòd is, quum moreretur daturum se promisisset, item quod is qui pro defuncto fidejussit post mortem ejus solvit.*

Ce que le texte décide pour ce fidéjusseur pourrait être étendu à tout créancier sous une condition qui se réalise après le décès du débiteur. Le fidéjusseur, en effet, tant qu'il n'a pas payé (3),

(1) La formule aquilienne et plusieurs autres textes (l. 23, D.,*ratam rem hab.* XLVI, 8 et l. 40, Dig. *De verb. signf.*, I, 17) distinguent les trois expressions *actio, petitio* et *persecutio* qui pourraient alors se référer aux trois manières dont on procédait depuis la loi Æbutia. On donnait, en effet, le nom d'*actio* à la procédure par formule, de *petitio* à la procédure devant les centumvirs (ceux-ci connaissaient, en effet, des actions réelles) et de *persecutio* à la procédure devant le magistrat qui *extra ordinem jus dicit.* Zimmern, *Traité des actions*, p. 228; Bonjean *Traité des actions*, t. I, p. 40; Keller, *des actions*, pp. 422 et 423. V.

(2) *Tr. des success.* ch. V, art. 4.

(3) Il ne faut pas conclure de ce texte que la caution n'a d'action contre le débiteur principal que lorsqu'elle a payé ; il existe, en droit romain comme dans l'art. 2032 (Cod. Nap.) des cas où la caution peut recourir contre son débiteur avant le payement. La loi 38, § 1, D. XVII, 1 et la const. 10, Code, IV, 35, indiquent qu'elle le peut lorsqu'elle a été condamnée, lorsque le débiteur, en dilapidant ses biens, fait douter

no peut recourir par l'action *mandati contraria*
contre le débiteur principal ; il n'est qu'un créancier conditionnel. Quant au cas où la condition
ne serait pas accomplie au moment de la *missio
in possessionem*, nous en renvoyons l'examen au
moment où nous rechercherons si les créanciers
conditionnels peuvent obtenir la séparation des
patrimoines.

De même ce que le texte a décidé par rapport
à celui qui a stipulé *quum morieris* pourrait être
étendu à tous les créanciers à terme du défunt,
lorsque le terme n'échoit pas du vivant du débiteur.

Il y avait exception, cependant, pour le terme
post mortem meam ou *tuam* qui étant défendu, dit
Gaïus, parce que (1) *inelegans esse visum est ex
heredis personâ incipere obligationem.*

On considérait la stipulation faite *pridie quam
moriar* ou *quam morietur*, comme affectée de
quelque chose de préopstère, puisqu'on ne peut
connaître la veille de ma mort qu'après ma mort :
cette stipulation était donc nulle. Mais, ainsi que
nous le voyons par notre texte, il en était autrement de la stipulation *quum moriar* ou *quum
morieris* : celui qui a stipulé *quum morieris* sera
compris après votre mort parmi les créanciers

justement de sa solvabilité, lorsqu'il reste inactif, bien que la dette
soit depuis longtemps exigible, lorsqu'enfin cela résulte de la nature
de l'engagement qu'a pris la caution, comme si, par exemple, elle ne
s'est engagée que pour un certain temps.

(1) C. III, § 100.

héréditaires et pourra demander la séparation des patrimoines: La raison en est dit Gaïus (*loc. cit.*) que l'obligation a commencé d'exister *in novissimum vitæ tempus stipulatoris aut promissoris.* En définitive, ces prohibitions de stipuler *post mortem meam* ou *pridie quam moriar* n'étaient guère justiciables en raison : quand je stipule cent après ma mort, il n'est pas exact de dire que l'obligation ne commencera que dans la personne de l'héritier, sans doute *non venit dies*, puisque l'obligation est à terme, mais *cessit dies* et *cedere diem significat incipere deberi pecuniam*, comme le dit Ulpien (1).

Quant à l'action, il serait plus vrai de dire qu'elle a pris naissance dans la personne de l'héritier, parce que le stipulant n'a pas pu l'intenter; et cependant ce ne serait pas là de quoi justifier cette prohibition; dans toute stipulation *in diem*, en effet, s'il arrive que le terme échoit après la mort du stipulant, l'action pourra être considérée comme naissant dans la personne de l'héritier et cependant ne lui en aura pas moins été transmise par son auteur. Il n'y a d'exception que pour le terme « *post mortem meam;* » et c'est cette exception qui me paraît théoriquement inexplicable (2). C'était aussi l'avis de Justinien

(1) L. 213, Dig., *De verbor, signif.*

(2) La prohibition de léguer une chose *post mortem heredis* ou *post mortem legatarii* était, au contraire, parfaitement explicable. En effet, d'une part, le legs étant une charge essentiellement imposée à l'héritier, et non à l'héritier de l'héritier qui est une personne incertaine, sera nul s'il est fait *cum heres meus mortuus erit*. D'autre part, le legs

qui permit les stipulations *post mortem stipulatoris,* ou *post mortem promissoris, pridie quam moriar* ou *pridie quam moriaris,* afin, disait-il que la volonté des contractants ne fût pas arrêtée dans son libre exercice *propter nimiam verborum subtilitatem* (1).

§ 2.

Nous avons vu que pour être créancier héréditaire et par suite pouvoir demander la séparation des patrimoines, il fallait avoir une action et qu'*il* importait peu que cette action ait pu ou non être intentée contre le défunt. Poursuivons l'explication de la loi 10, *De verb. signif.* elle

sera encore nul s'il est fait *post mortem legatarii;* il n'est point fait au légataire et celui ci n'a pas pu le transmettre à son héritier, puisque ce terme constitue un *dies incertus* qui échoit nécessairement après la mort; il ne peut davantage être fait à l'héritier du légataire, car celui-ci est une personne incertaine.

(1) L. un. Code tit. *act. et ab hered. et contra hered.* (IV, 11.) Ces mots pourraient faire supposer qu'il y avait là une règle particulière aux formes rigoureuses de la stipulation et que l'impossibilité pour un créancier de transmettre une action qu'il n'a jamais pu exercer n'existait pas dans les contrats de bonne foi. C'est, en effet, ce qui a été soutenu, par quelques interprètes, Cujas entre autres, qui ont invoqué à leur appui les lois 12, § 17 et 13, D. Mand. *vel cont.* (XVII, 1). Cette opinion ne nous semble pas admissible en présence du texte précité de Gatus qui est général *inelegans esse visum est.....* De plus Justinien indique parfaitement dans la constit. unique (*act. et ab hered. et contra hered.*) et la constit. 11 (Code, *De contrat. et committ. stipul.*) VIII, 38) que la prohibition s'étendait à tous les contrats *bonæ fidei* et *stricti juris.* La loi 108 (D. *De solut. et liberat.* XLVI, 3), confirme encore cette interprétation. Quant aux textes invoqués en sens contraire, ils me paraissent inexplicables et probablement ils auront été interpolés à l'effet de les mettre d'accord avec la réforme de Justinien.

ajoute « *vel jure civili, sine ulla perpetuae excep-*
tionis remotione, vel honorario, vel extraordi-
nario..... » Peu importe que l'action soit civile,
prétorienne, ou intentée *extra ordinem ;* mais il
ne faut pas qu'elle soit paralysée par une exception perpétuelle. C'est qu'en effet celui dont l'action est paralysée par une exception perpétuelle
n'est, en réalité, pas créancier; il y a *indebitum,*
aussi le débiteur qui paye par erreur peut-il intenter la *condictio indebiti,* à moins que l'exception perpétuelle ne laisse subsister une obligation naturelle comme celle du S. C. Macédonien. C'est donc bien le cas de dire avec Paul :
« *Nihil interest, ipso jure quis actionem non ha-*
beat, an per exceptionem infirmetur (1). » Ce
texte serait trop général si on l'appliquait à toute
sorte d'exceptions ; aussi la loi 10 *De verb. signif.*
indique-t-elle qu'il faut que l'exception soit perpétuelle et la fin de cette loi montre qu'il en est
autrement, lorsque l'exception est temporaire.

Il y est dit : « *Sed, si non sit mutua pecunia,*
sed contractus, creditores accipiuntur. » Il s'agit
du cas où, par une stipulation adjointe à un
mutuum simplement projeté, je me suis engagé
à restituer ce que je devais recevoir, et puis je ne
reçois rien : j'aurai, si je suis bien actionné, l'exception *non numeratae pecuniae,* mais cette exception étant temporaire, notre texte déclare que
le stipulant n'en sera pas moins considéré comme

______
(1) L. 112, D. *De div. reg. jur.* (L, 17.)

créancier. Il est en effet, dans une position semblable à celle d'un créancier à terme ; il suffit qu'il attende que le délai donné au débiteur afin d'opposer son exception, soit écoulé, ce qui aura lieu au bout de deux ans sous Justinien, au bout de cinq ans avant lui, et il pourra intenter son action en toute sécurité. Il pourrait donc demander la séparation des patrimoines (1).

Il faut encore que l'exception puisse être opposée d'une façon absolue, pour qu'on puisse considérer l'obligation comme éteinte. Si donc le pacte *de non petendo* a été fait *in personam* avec l'un des *correi promittendi*, sans doute celui-ci pourra opposer, s'il est actionné, l'exception *pacti conventi*; mais l'obligation à l'égard des autres *correi* n'en subsistera pas moins et le créancier pourra toujours après leur décès demander la séparation des patrimoines.

§ 3.

J'arrive enfin aux derniers mots de la loi 10, *De verb. signific.*, que je commente, *sive pure, sive in diem, vel sub conditione*. Qu'un créancier à terme puisse demander la séparation des patrimoines cela paraîtra parfaitement légitime, car tous les textes présentent sa créance comme assurée, l'exigibilité seule en est reculée, *praesens obligatio est, in diem autem dilata solutio*, dit la

(1) Instit. § 2, *De exceptionib.* IV, 13

loi 46, *De verbor. obligat.* D. (45, 1.) Mais que
décider de celui dont le droit est suspendu par
une condition? Il peut sembler assez difficile,
bien que notre texte le présente comme un créancier, de l'admettre à obtenir la séparation des patrimoines ; car, *pendente conditione*, l'obligation
n'existe pas encore. Cependant le créancier a une
spes debitum iri qui n'est pas sans produire certains effets, par exemple : elle est transmissible
et peut être l'objet d'un fidéjussion.

Ce qui présente une sérieuse difficulté c'est la
question de savoir si les créanciers conditionnels
peuvent obtenir la *missio in possessionem ;* or nous
avons vu au chap. 1 que la séparation des patrimoines intervenait à l'occasion de cette *missio in possessionem* dont elle n'était pour ainsi dire
qu'un incident. Il y a sur ce point des textes contradictoires. D'une part Paul résout la question par
l'affirmation : *in possessionem mitti solet creditor,
et si sub conditione ei pecunia promissa sit* (1).
D'autre part Ulpien et Paul lui-même dans un
autre texte, décident absolument le contraire ; le
premier dans la loi 7 § 14, *Quibus ex causis* D.
(40, 2), et le second dans la loi 14, § 2 *cod.* (42, 4).

Les deux systèmes présentés pour concilier ces
textes sont nombreux ; je me contenterai d'indiquer les autorisés.

Cujas (2) dit que sans doute les créanciers con-

____

(1) L. 6, § 2. D. XLVI, 1.

(2) *Ad leg.* 4, *De separat.;* Papin, *Responsa* (t. 4, p. 611, édit. de
Paris).

ditionnels peuvent être envoyés en possession, comme le dit Paul dans la loi 6, mais qu'en réalité c'est comme s'ils n'y étaient pas envoyés, si l'on considère que cet envoi est *sine effectu*. « *Conditionales creditores*, écrit-il, *non mittuntur in possessionem cum effectu, quia nec possunt bona ex edicto vendere, antequam dies vel conditio venerit, nec, si a debitore prohibeantur venire in possessionem, ex decreto praetoris in eum habent interdictum restitutorium, vel actionem quanti ea res erit, quam habent ii quibus præsenti die debetur si prohibeantur ingredi possesssionem.* »

Cette distinction en *missio in possessionem cum effectu et sine effectu*, qui expliquerait la divergence des textes, me paraissant complétement arbitraire, je ne crois pas la conciliation de Cujas admissible.

Une autre conciliation a été présentée par Woët (1); elle repose sur la division en action de droit strict et action de bonne foi ; dans ces dernières le juge a des pouvoirs très-étendus qui vont jusqu'à contraindre le débiteur, si cela est nécessaire, à donner caution ; faute de quoi le créancier est envoyé en possession (2). Suivant Woët la loi 6, *Quibus ex causis in possess*, qui envoie en possession le créancier conditionnel supposerait le cas d'une action de bonne foi ; et les lois 7 et 14 (*cod.*) qui ne permettent pas cet envoi disposent pour le cas d'une action de droit strict. Cette explication

(1) *De separat.* § 2.
(2) L. 38, D. XVII, 2 ; et L. 44, D. V, 1.

ne me paraît pas plus admissible que la précédente : d'abord les textes divergents sont conçus d'une façon trop générale pour qu'on puisse en localiser la portée comme le fait Woët ; et d'ailleurs, étant admis que le juge puisse dans les contrats de bonne foi exiger une caution du débiteur, cependant, il n'est pas établi que le créancier puisse user d'un droit pareil lorsque l'obligation est conditionnelle, la loi 11, *De judiciis*, invoquée par Woët dit bien «*quum nondum dies præstandæ pecuniæ venit, si agat aliquis ad interponendam cautionem ex justa causa condemnatio fit,* » ce qui s'appliquera parfaitement à l'obligation à terme, mais en aucune façon à l'obligation conditionnelle pour laquelle *neque venit neque cessit dies*.

Doneau (1) me paraît avoir donné la véritable solution, lorsqu'il distingue suivant que le créancier conditionnel agit isolément, auquel cas il sera repoussé, comme l'indiquent les lois 7 et 14, *Quibus ex causis*, ou suivant que l'envoi en possession est réclamé par d'autres créanciers, auquel cas il sera envoyé en possession avec eux ; car l'envoi agit *in rem* pour tous les créanciers héréditaires (2); et c'est là ce qu'aurait voulu dire Paul dans la loi 6 (*eod.*). Ce qui me paraît confirmer cette explication c'est que Papinien, dans la loi 4 (n. l.) accorde la séparation des patrimoines aux créanciers conditionnels par ce motif « *quoniam et ipsis cautione communi consuletur.* »

(1) T. VI, p. 120.
(2) L. 12, D. XLII, 8.

Cette garantie dont parle le jurisconsulte, n'est-ce pas le gage commun, le *pignus praetorium* qui résulte de l'envoi en possession pour tous les créanciers? Cujas (*loc. cit.*) explique ces mots autrement; suivant lui les mots *cautione communi* feraient allusion à cette faculté qu'ont les créanciers héréditaires, qui jugent un héritier suspect, de lui demander caution (1). J'ai déjà eu l'occasion de parler de cette faculté à la fin du chap. 1; et il est facile de reconnaître que cette voie pour les créanciers est toute différente de la séparation des patrimoines; on ne comprendrait donc pas que Papinien justifiât l'une par l'autre *quoniam cautione...*; et d'ailleurs la loi 31, D. *De reb auctorit. judicis possid.*, qui consacre cette faculté de demander caution, n'indique en aucune façon qu'elle soit accordée aux créanciers conditionnels.

Faut-il aller plus loin que Doneau et admettre comme M. Bufnoir (2) que le créancier conditionnel peut obtenir l'envoi en possession même lorsqu'il agit isolément, mais seulement pour la conservation de ses droits, comme cela se présente précisément s'il veut obtenir la séparation des patrimoines, tandis qu'il ne le pourrait pas si la *missio in possessionem*, à raison même de la cause en vertu de laquelle elle est demandée, implique ou non le droit d'exercer des poursuites actuelles contre le débiteur? Cela paraîtra fort

(1) L. 31, D. *De reb. auctoritate judicis* (XLII, 5); V. *suprà*, p. 17.
(2) *Théorie de la condition*, p. 293.

vraisemblable, car il n'est rien de plus légitime que d'admettre le créancier conditionnel à veiller à la conservation de son droit à venir. C'est ce que fait le Code Nap. (art. 1180), et Pothier (1) pense ainsi. Toutefois, à ma connaissance au moins, il n'est pas de texte en droit romain qui consacre pour le créancier conditionnel le droit de faire des actes conservatoires, *pendente conditione.*

Les créanciers hypothécaires peuvent sans doute demander la séparation des patrimoines, car il est possible que leur hypothèque soit insuffisante à procurer le payement de leur créance, et pour le surplus notre bénéfice leur sera utile comme à des créanciers chirographaires.

Enfin nous arrivons aux légataires : les lois 4 § 1 et 6 pr. (h. t.) leur accordent le bénéfice de la séparation des patrimoines. Mais ces deux textes mentionnent, ce qui est évident, que ce bénéfice ne leur servira pas dans leurs rapports seulement avec les créanciers de l'héritier; c'est à-dire que, dans tous les cas, ils ne seront payés sur les biens qu'ils auront fait séparer, que déduction faite des dettes. Il faut remarquer que pour le légataire conditionnel, il ne peut y avoir de doute, comme pour le créancier conditionnel, sur le point de savoir si l'envoi en possession est possible, car il lui est toujours accordé au cas

____

(1) *Tr. des obligat.* § 211.

où l'héritier refuse de lui donner la *cautio legatorum* (1).

SECTION II.

Contre qui la séparation des patrimoines est-elle demandée ?

Il est clair d'après la nature et la forme de cette demande qu'elle est essentiellement formulée contre les créanciers même de l'héritier. Nous avons vu, en effet, dans le chapitre 1, que cette demande est faite à l'occasion de l'envoi en possession pour limiter les prétentions des créanciers de l'héritier aux biens de celui-ci ; c'est là ce que dit le texte la loi 1, § 1. (h. t.) : *creditores filii contentos esse deberi bonis filii*. La séparation des patrimoines sera donc opposable à tous les créanciers de l'héritier quelque favorables qu'ils soient. Le § 4 de la loi 1, (h. t.) prend soin de dire qu'elle sera opposable même au fisc et aux municipes, parce que les créanciers du fisc étaient munis d'une hypothèque tacite et générale (2) et que celles des municipes pouvaient être également privilégiées en vertu d'une concession impériale (3).

(1) L. 1, § 2, D. XXXVI, 3; et L. 1 § 1, XXXVI, 1
(2) L. 46, § 3, D. XLIX, 14; et c. 1, cod. VIII, 13.
(3) L. 10, D. L. 1.

SECTION III.

Des causes qui rendent impossible la demande en séparation des patrimoines.

1. *Confusion.* Je traiterai dans un premier paragraphe de la confusion; mode d'extinction des obligations, et dans un second paragraphe de la confusion de fait de deux hérédités.

§ 1. Evidemment, si le créancier succède à son débiteur sa créance sera complétement éteinte, et il lui sera impossible de figurer dans la demande en séparation des patrimoines. Mais s'il a des cohéritiers, il pourra user contre eux de ce bénéfice pour la part de sa créance dont il n'a pas fait confusion; cela est conforme aux principes et la Constit. 7, au Code, *De bonis auctorit. judicis possid.* (VII, 72), ne laisse pas de doute à cet égard.

La loi 3 (n. t.) prévoit un cas de confusion plus compliqué. Papinien y suppose que le débiteur principal y succède à la caution. Si les biens du débiteur principal sont vendus, le créancier pourra-t-il demander à faire séparer ceux de la caution? Il semble que non puisque, d'après les principes, l'obligation de la caution est éteinte et Papinien l'indique bien en passant : *ratio juris quae causam fidejussionis propter principalem obligationem, quae major fuit, exclusit...* En effet, en pareil cas, c'est l'obligation principale *quæ major fuit,* qui absorbe l'obligation accessoire; Julien le dit clairement dans la loi 14, D. *De fidejussorib.* (XLVI, 1). « *Cum reus promittendi fidejussori suo heres extitit fidejussoria obligatio perimitur.* » Cependant nous avons déjà eu l'occasion de remarquer, dans ce travail, que les jurisconsultes romains s'écartaient facilement de cet effet extinctif de la confusion, lorsqu'ils y trouvaient un intérêt et lorsque les tiers souffraient de cette confusion qui, en théorie pure, est plutôt une impossibilité de fait à l'exercice du droit qu'un mode d'extinction des obligations. C'est ainsi qu'Africain décide que les hypothèques données par la caution seront maintenues bien que l'obligation accessoire vienne à être confondue dans l'obligation principale. C'est ainsi encore que Papinien dans notre hypothèse répond que le créancier pourra obtenir malgré cette même confusion la séparation des patrimoines de la caution et du débiteur principal.

Le § 1 de la loi 3 va plus loin et suppose que le créancier, après avoir obtenu la séparation, n'a pas été satisfait sur les biens de la caution, pourra-t-il revenir contre l'héritier ou bien doit-il se contenter des biens dont il a fait opérer la séparation? Le jurisconsulte répond qu'il a le droit de concourir avec les créanciers personnels de l'héritier. En effet, si l'hérédité du fidéjusseur n'avait pas été recueillie par le débiteur principal le créancier aurait certainement eu deux obligés et deux patrimoines pour gage; comment cette adition pourrait-elle lui en faire perdre un ? L'évidence de cette décision apparaîtra pleinement, si nous supposons que le fidéjusseur avait cautionné le débiteur pour une somme inférieure au montant de la dette principale, il est bien clair alors que la séparation des patrimoines obtenue par le créancier ne peut pas le priver de revenir sur le débiteur. Il faut bien se garder de confondre la difficulté ainsi résolue dans le § 1 avec la controverse du § 2 dans laquelle le créancier n'avait qu'un seul obligé, le *de cujus*, et veut après avoir obtenu la séparation des patrimoines s'adresser à l'héritier s'il n'a pas été satisfait. Cette question sera traitée à propos des effets de la séparation des patrimoines.

§ 2. Quant à la confusion de fait résultant de ce que les deux patrimoines ne sont plus reconnaissables, il est bien évident qu'elle met obstacle à la séparation, le § 12 de la loi 1 (n. t.) en fait mention. Cette confusion se présentera surtout pour les meubles ; à l'égard des immeubles, elle est beaucoup plus difficilement compréhensible ; toutefois elle n'est pas impossible.

II. *Prescription*. Le § 13 de la loi 1 présente l'exercice du droit de séparation comme limité par le temps. Au bout de 5 ans pour les meubles comme pour les immeubles, le droit d'obtenir ce bénéfice sera éteint.

III. *Aliénation*. Parlons d'abord des aliénations que l'héritier fait de l'hérédité tout entière.

Nous avons vu au chapitre 2 de ce travail,

§ 2, 1, qu'il y en avait plusieurs sortes (1). Lorsque l'héritier *ab intestat* aliène l'hérédité, avant d'avoir fait adition, l'*universitas juris* et le titre même d'héritier passent dans le patrimoine de de l'*emptor* qui *perinde fit heres ac si ipse per legem ad hereditatem vocatus esset ;* alors j'ai pensé que le droit de séparation ne s'éteignait pas pour les créanciers héréditaires et qu'ils pouvaient l'exercer à l'encontre de l'*emptor* comme s'il avait toujours été héritier. Mais dans tous les autres cas où l'acheteur acquiert seulement les objets héréditaires comme si chacun d'eux lui avait été vendu séparément, en sorte que le titre d'héritier reste toujours sur la tête du vendeur, il y aura lieu d'appliquer la décision que donne Papinien dans la loi 2 (n. t.). Si l'héritier a vendu de bonne foi l'hérédité, toute séparation devient impossible et les créanciers héréditaires sont contraints de respecter les aliénations « *nam quæ bona fide medio tempore per heredem gesta sunt rata conservari solent.* » Si la vente, au contraire, a été faite de mauvaise foi, en vue de frauder les droits des créanciers héréditaires, ceux-ci feront rentrer, par la voie de l'action Paulienne, les biens héréditaires dans le patrimoine de l'héritier, exerceront ensuite le droit de séparation, pourvu bien entendu que les tiers soient complices de la fraude, car nous supposons évidemment une aliénation à titre onéreux.

Les aliénations partielles d'objets héréditaires

(1) V. *suprà*, p. 22.

sont régies par les mêmes principes que ceux qui viennent d'être exposés. Les créanciers héréditaires seront obligés de respecter celles qui ont été faites de bonne foi. Toutefois il en sera autrement pour les droits de gage et d'hypothèque que l'héritier aurait consentis sur les immeubles héréditaires, un rescrit des empereurs Sévère et Antonin mentionné au § 3 de la loi 1ʳᵉ (n. t.) déclare, sans les annuler, qu'ils ne seront pas opposables aux créanciers héréditaires. D'où vient qu'ils ne soient pas obligés de les respecter comme les aliénations ? Cela vient sans doute de ce que l'hypothèque est plus rapide et plus occulte que l'aliénation, l'héritier pourrait ainsi anéantir en peu de temps le gage des créanciers sans que ceux-ci aient pu dès le principe arrêter par une demande en séparation cette diminution de l'hérédité grevée d'hypothèques au profit de tiers peut-être de bonne foi. De plus les biens hypothéqués ne sont pas sortis du patrimoine et peuvent être plus facilement l'objet des poursuites des créanciers héréditaires que s'ils avaient été aliénés. Enfin on peut remarquer que cette sévérité du législateur romain pour l'hypothèque se manifestait déjà dans la loi Julia qui permettait au mari d'aliéner l'immeuble dotal avec le consentement de la femme et lui défendait de l'hypothéquer même avec ce consentement.

IV *Actes faisant supposer chez le créancier l'intention d'accepter l'héritier pour débiteur.*

Ulpien, dans le § 10 de la loi 1ʳᵉ (n. t.) indique

que les créanciers perdent le droit d'invoquer la
séparation lorsqu'ils stipulent de l'héritier *novandi animo*, Que faut-il entendre par là? Est-il
absolument nécessaire que l'acte qui intervient
entre l'héritier et les créanciers constitue une novation? Faudra-t-il exiger, à partir de Justinien,
que cet *animus novandi* soit expressément indiqué, puisqu'à cette époque il n'y avait pas novation sans cette déclaration? Brunneman (1) l'a
soutenu; mais la suite du texte prouve bien que
l'idée d'Ulpien est tout autre. Sans doute, les
exemples qu'il donne, adjonction d'une caution,
concession d'un gage, stipulation d'intérêts pourraient parfaitement constituer une novation ;
(car il suffisait : 1° que les créanciers héréditaires
aient stipulé de l'héritier ; 2° que cette stipulation
contînt *aliquid novi*, 3° qu'ils aient stipulé *idem
debitum* pour que la novation fût opérée en droit
classique (2); mais les mots *seculi nomen heredis*
du § 10, *eligendi mente heredis personam secutus*
du § 15 démontrent bien que dans l'esprit du

(1) Brunneman, *ad codicem* VII, 72, p. 931.

(2) A la place de la troisième condition que j'indique ici on exige
plus souvent l'*animus novandi ;* et nous trouvons, en effet, ces mots
dans le texte d'Ulpien. M. Gide (*Rev. de législat.*, année 1870-1871,
p. 672 et suiv.) a parfaitement démontré qu'au temps de Gaius il
n'était pas question de cet *animus novandi*. Les commentaires de ce
jurisconsulte (III, § 176 et seq.) n'en font pas mention et les paroles
sacramentelles prononcées suffisaient à produire les effets de la novation, sans qu'il y eût lieu de rechercher l'intention des stipulants.
Cependant à mesure que la législation devient moins formaliste la
volonté des parties acquiert plus d'influence ; Justinien exige même
que cette volonté soit expresse; et nous voyons déjà dans notre texte
que sous Ulpien on exigeait que la stipulation eût lieu *novandi animo*.

jurisconsulte la déchéance du bénéfice de la séparation devra être encourue toutes les fois que
d'une façon ou d'une autre (*qualiter qualiter*) le
créancier aura fait avec l'héritier un acte em-
portant l'intention de l'accepter pour débiteur.
En effet, on comprend bien que par cet acte *mente
eligendi* le créancier héréditaire est présumé renoncer tacitement à la séparation des patrimoines.

La loi 7 (n.t.) prend soin de déclarer que les
créanciers héréditaires qui intentent une action
contre l'héritier ne perdent pas pour cela le droit
de demander la séparation *quia ex necessitate hoc
fecerunt.* Une poursuite judiciaire n'implique pas,
en effet, le *mens eligendi*, le créancier agit par
nécessité en s'adressant au seul représentant du
défunt, peut-être même est-ce pour arrêter le
cours de la prescription.

La séparation des patrimoines opérant d'une
façon générale à l'égard de tous les créanciers héréditaires, le § 16 de la loi 1re (n. t.) indique, malgré cet effet collectif, que s'il en est dans la masse
qui ont suivi la personne de l'héritier, la séparation obtenue par les autres ne leur profitera pas.

SECTION IV.

Effets de la séparation des patrimoines.

Comme nous l'avons déjà vu, l'effet de la séparation des patrimoines est de produire deux en-
vois en possession et deux ventes distinctes. Les

créanciers héréditaires sont donc envoyés séparément et exclusivement en possession du patrimoine du défunt ; et comme cet envoi opère collectivement, la séparation des patrimoines invoquée par l'un des créanciers profite à tous les autres. Quant aux créanciers de l'héritier *contentos esse deberi bonis heredis ; et sic quasi duorum fieri bonorum venditionem* ; j'ai déjà eu l'occasion de développer ces conséquences de la séparation en traitant des formes, au chapitre 1.

Voilà donc l'effet immédiat de ce bénéfice ; faut-il aller plus loin et, les deux ventes faites, les effets de la séparation des patrimoines se feront-ils encore sentir ? En d'autres termes s'il y a, toutes dettes payées, un excédant de l'un des patrimoines les créanciers de l'autre patrimoine pourront-ils y prétendre ? Cette question est débattue dans les lois 1re § 17, 3 § 2, et 5 des jurisconsultes Papinien, Paul et Ulpien.

Mais d'abord comment se peut-il faire qu'après la *venditio bonorum*, il y ait un excédant ? On le comprend facilement dans le système de la *distractio* ou vente en détail, parce qu'alors chaque objet est vendu séparément et l'acheteur paie un prix déterminé ; mais cette *distractio bonorum* ne fut introduite, nous apprend le princip. des Instituts, *De successionibus sublatis*, qu'au moment où la procédure extraordinaire devint d'un usage constant, c'est-à-dire sous Dioclétien. En conséquence nos trois jurisconsultes Papinien, Paul et Ulpien ne peuvent dans les textes précités parler que de la *venditio bonorum*. Or, dans ce système, l'acheteur ne s'engage pas à payer un certain prix, mais un dividende, c'est Théophile qui nous l'apprend. Le plus qu'il puisse payer, ce serait donc la totalité des dettes ; étant donné un semblable procédé on ne conçoit pas qu'il pût y avoir un excédant. D'autres textes mentionnent cependant la possibilité de cet excédant (1). Je ne puis, dans une matière comme la *venditio bonorum*, sur laquelle les textes fournissent fort peu de renseignements, rien affirmer comme positif. Cependant il est certain que, si la succession vendue était avantageuse, plusieurs acquéreurs offrant la totalité des créances, il fallait bien pousser les enchères plus loin, et probablement alors les surenchères consistaient en un prix déterminé qui constituait l'excédant.

Que devenait donc cet excédant ? Si c'est la succession du défunt qui, toutes dettes payées, laisse un excédant, on est d'accord pour l'attribuer aux créanciers personnels de l'héritier non satisfaits ; car la séparation des patrimoines n'a pas été demandée par eux ; ils ont, au contraire, été forcés de la subir.

Mais que décider si c'est le patrimoine de l'héritier qui laisse un excédant, toutes dettes payées ? Les créanciers héréditaires qui n'ont pas été satisfaits sur le patrimoine du défunt auront-ils le droit de venir sur cet excédant pour le restant de

Voy. encore les lois 7 § 11, D. XLII, 4, et 6 pr., D. XLII, 5.

leurs créances? Paul, dans la loi 5, et Ulpien, dans la loi 1 § 17, déclarent que les créanciers qui ont demandé la séparation se sont séparés de la personne de l'héritier, *recesserunt a persona heredis*, et ils ne pourront désormais rien réclamer de ses biens, à moins qu'il ne s'agisse d'acquisition *ex hereditaria causa* (1); s'ils ont usé d'une trop grande précipitation, ils ne doivent s'en prendre qu'à eux *sibi debent imputare eorum facilitatem.* Cependant Ulpien, si les créanciers héréditaires ont été victimes d'une erreur légitime, accorde qu'ils échapperont aux conséquences rigoureuses de leur imprudence. Papinien, au contraire, dans la loi 3 § 2, pense qu'on agira mieux en admettant les créanciers héréditaires non désintéressés à venir sur l'excédant des biens de l'héritier. Il est clair que ces jurisconsultes se sont placés à des points de vue différents. Il est donc inutile de chercher une conciliation à ces divers textes. D'après ce que nous avons déjà vu des formes et des effets de la séparation des patrimoines, il me semble que la solution de Papinien est la plus juridique. Que demandaient les créanciers héréditaires, en invoquant la séparation des patrimoines? Que l'envoi en possession des héritiers ne comprît pas les biens du défunt, qu'ils eussent à se contenter des biens de leur débiteur, et qu'ainsi les ventes des deux patrimoines se fissent séparément.

(1) J'ai déjà dit ce qu'il fallait entendre par ces mots en traitant du bénéfice accordé à l'héritier nécessaire, ch. III, sect. 3; V. *supra* p. 37.

Ce n'est donc pas à l'héritier, mais à ses créanciers qu'ils s'adressent ; et il est inexact de dire qu'ils se sont séparés de sa personne, car ce n'est pas à lui qu'ils ont eu affaire. Comment donc un bénéfice introduit en leur faveur pourrait-il tourner à leur détriment, en les empêchant de revenir vers celui qui en principe est toujours tenu des dettes *ultra vires successionis ?*

ANCIEN DROIT FRANÇAIS

ET DROIT INTERMÉDIAIRE

SECTION I.

Ancien droit.

La séparation des patrimoines passa du droit romain dans l'ancien droit français. Elle resta, à peu de chose près. ce qu'elle était, dans les pays de droit écrit : mais dans ceux de coutume elle subit des modifications importantes sous l'influence de la jurisprudence des parlements. Les coutumes étaient muettes sur notre bénéfice ; on discutait alors si telle loi romaine était ou non compatible avec le principe de la coutume locale. Celle du Hainaut, d'après Merlin (1), qui cite, en ce sens, un arrêt du parlement de Flandre du 16 juin 1672, était la seule où, par suite de cette incompatibilité, la séparation des patrimoines n'était pas admise.

Je me bornerai à rechercher quelles ont été les modifications apportées à notre bénéfice par l'ancienne jurisprudence.

On a vu qu'à Rome la séparation des patrimoines était intimement liée à la procédure des

(1) *Répertoire de jurisprud.*, v° *Séparat. des patrim.*

voies d'exécution ; c'était une limitation posée à
l'envoi en possession des créanciers héréditaires.
Les deux patrimoines étaient vendus séparément
au profit de chacune des deux classes d'héritiers ;
et cette séparation avait un effet collectif, c'était
un gage commun à tous les créanciers héréditaires
communis cautio. Rien de tout cela ne subsista
dans l'ancien droit coutumier ; la séparation des
patrimoines y était demandée en dehors de toute
voie d'exécution et l'effet en était individuel.

Faut-il aller plus loin et considérer le caractère de ce bénéfice comme plus gravement modifié ?
On l'a prétendu, plusieurs auteurs, MM. Mourlon (1), Dollinger (2), Demolombe (3) entre autres
présentent des différences plus radicales. A Rome.
disent-ils, c'est contre l'héritier lui-même que la
séparation des patrimoines est dirigée, et elle a
pour effet de rescinder, d'annuler complétement
l'adition d'héritier ; tandis que, dans l'ancien
droit français, c'est contre les créanciers de l'héritier que la demande est formée, et l'héritier n'en
demeure pas moins saisi et investi de la succession. Je ne pense pas qu'on puisse établir entre
les deux droits une différence aussi tranchée. La
séparation des patrimoines était sans doute plus
énergique à Rome, en ce sens qu'elle dessaisis-
sait complétement l'héritier, par suite de l'envoi
en possession, séparait complétement les deux

---

(1) *Répétitions écrites,* t. III, p. 567.
(2) *Traité de la séparat. des patrim.,* p. 23.
(3) *Successions,* t. V, p. 227.

patrimoines et les faisait vendre séparément. Mais il n'en est pas moins vrai que les créanciers héréditaires s'adressaient bien plutôt aux créanciers de l'héritier qu'à l'héritier lui-même. Cela résulte de la procédure même de notre bénéfice, puisque c'est sur l'envoi en possession des créanciers de l'héritier que ceux du défunt se présentaient : les créanciers de Seius viennent dire à ceux de Titius, contentez-vous des biens de Titius, nous nous contenterons de ceux de Seius. (Loi 1, pr. Dig., n. t.)

Il n'est pas moins inexact que, par suite de cette demande, l'adition d'héritier s'évanouissait ; il suffit pour se convaincre du contraire de se rappeler que les aliénations d'objets héréditaires faites de bonne foi par l'héritier étaient maintenues. (L. 2, D. n. t.)

Et de plus la fameuse controverse engagée entre Papinien, d'une part, Paul et Ulpien, de l'autre, prouve bien que le doute existait sur le point de savoir si les créanciers héréditaires s'étaient complétement séparés de la personne de l'héritier. La vérité est que le droit romain n'a pas fourni de solution bien décisive sur ce point et qu'il serait téméraire d'affirmer soit que la distinction des deux patrimoines l'emportait sur tout autre point de vue, soit que l'adition d'héritier n'en persistait pas moins à tous les égards. Dans notre ancien droit, ce doute a disparu, et c'est en cela que consiste la véritable différence. L'adition d'hérédité n'est pas effacée : « la séparation obtenue

» par le créancier du défunt, écrit Lebrun (1),
» n'était pas capable d'effacer l'adition ou l'im-
» mixtion de l'héritier et ne servait pas d'excep-
» tion à la maxime *qui semel heres nunquam de-*
» *sinit esse heres.* » L'adition d'héritier marche
alors de front avec la séparation, et il est alors
certain que la séparation des patrimoines ne concerne plus l'héritier, mais qu'elle est dirigée uniquement contre ses créanciers. Aussi était-il admis, presque universellement que les créanciers
héréditaires non désintéressés pouvaient revenir
sur les biens de l'héritier, après que les créanciers
de celui-ci avaient été intégralement payés. Pothier (2) nous représente fidèlement à cet égard le
dernier état de la jurisprudence lorsqu'il dit :

« La séparation de biens introduite en faveur
» des créanciers de la succession ne doit pas être
» rétorquée contre eux ; en la demandant ils n'ont
» pas eu l'intention de libérer de l'obligation
» contractée envers eux par l'acceptation de la
» succession, mais seulement d'être préférés sur
» ces biens aux créanciers de l'héritier. »

L'idée primitive de la séparation, c'est-à-dire la
nécessité de conserver aux créanciers héréditaires leur gage, comme si le défunt vivait encore,

---

(1) *Traité des successions,* liv. IV, ch. I, sect. 1re.
(2) *Traité des success.* ch. V, art. 4 ; dans le même sens, Domat,
Lois civiles, liv. III, tit. 2, sect. 1re, no 9 ; Lebrun, *Des successions,*
liv. IV, ch. II, sect. 1re ; Ferrière, sur l'art. 383 de la *Coutume de
Paris* ; Lemaistre, sur l'art. 335 de la *Coutume de Paris* ; Mous-
tralon, *Des successions,* ch. III, art. 17.

cette idée n'avait pas disparu. On la retrouve dans tous les auteurs cités ci-dessus: Et Pothier (*loc. cit.*) la reproduit clairement lorsqu'il dit de la séparation : « Ce droit est fondé sur la nature » des choses... » Seulement la distinction des deux patrimoines n'était pas complète en ce sens qu'il n'y avait qu'un seul débiteur, l'héritier qui, lui, restait toujours obligé ; car la séparation n'était pas formée contre lui, mais contre ses créanciers personnels. De là des résultats qui pourraient paraître contradictoires, s'ils ne s'expliquaient par la nature mixte de ce bénéfice. Ainsi, les créanciers héréditaires, s'ils n'ont pas été entièrement désintéressés par la vente des biens du défunt, pourront s'adresser encore à l'héritier; telle est la conséquence du maintien de l'adition d'héritier ; mais ils ne pourront concourir sur les biens de l'héritier avec ses créanciers personnels par suite de l'idée toujours persistante de la distinction des deux patrimoines. Aussi est-ce à tort, me semble-t-il, que M. Bugnet (1), dans ses annotations sur Pothier, reproche à cet auteur d'avoir conservé la saisine à l'héritier et cependant de préférer sur ses biens propres les créanciers de ce dernier à ceux de la succession. Pour Pothier, en effet, la séparation des patrimoines n'existait pas dans les rapports de l'héritier et des créanciers du défunt, mais subsistait dans les rapports de ceux-ci et des créanciers de l'héritier.

(1) Bug. sur. Poth., t. VIII. p. 214.

J'ai cru devoir insister sur ce point, parce que c'est en n'envisageant pas notre bénéfice à la fois sous ces deux faces qu'on arrive à en faire un véritable privilége, sous le prétexte qu'il n'y a plus qu'un seul débiteur, comme s'il avait jamais pu y en avoir deux, même en droit romain. Jamais, dans l'ancien droit français, la séparation n'a été considérée comme un véritable privilége. On s'est quelquefois, mais rarement, servi de ce mot *sentu lato*, comme synonyme de cause de préférence (1); on n'en peut rien conclure. La séparation n'engenurait donc point de droit de suite bien que ce droit fût alors attaché aux priviléges immobiliers (2).

Les mêmes personnes obtenaient la séparation des patrimoines dans l'ancien droit qui pouvaient la demander en droit romain. Toutefois quant aux créanciers hypothécaires, Pothier (*loc. cit.*) déclare que « la séparation des patrimoines leur » est inutile dans les coutumes où les meubles » sont susceptibles d'hypothèques, et dans nos » coutumes, lorsque la succession n'est composée » que d'immeubles. »

Il faut pour comprendre ce passage supposer que Pothier entendait parler des hypothèques générales qui alors pouvaient résulter de la con-

(1) Bourjou, 2ᵉ partie, *Des successions*, sect. VI. — Raviot sur Perrier, Question 294.

(2) Merlin (*loc. cit.*) et les arrêts par lui cités; Genty, *Revue critique*, t. VIII, p. 347; Lebrun, *loc. cit.* § 24; Montralon, *Tr. des success*, t. I, p. 164.

vention aussi bien que de la loi. Car, au temps de Pothier, comme sous l'empire du Code Napoléon, le créancier héréditaire qui n'a qu'une hypothèque spéciale peut avoir intérêt à demander la séparation au cas d'insuffisance du bien hypothéqué.

Lebrun (1) indique un autre cas où les créanciers hypothécaires du défunt peuvent avoir intérêt à demander la séparation des patrimoines : « C'est, dit-il, parce qu'il se peut que les créan» ciers hypothécaires de l'héritier aient des titres » antérieurs à ceux des créanciers du défunt, et » qu'ils lui aient prêté leurs deniers sous l'hypo» thèque expresse de ses biens présents et à venir : » auquel cas, si ces créanciers souffrent la confu» sion des patrimoines qui arrive par l'adition » d'héritier, il s'ensuivra que les créanciers du » défunt seront exclus sur ces biens mêmes, par » les créanciers antérieurs de l'héritier, ce qui » n'est pas juste... » Mais cette solution n'avait pas été admise par la plupart des auteurs qui pensaient avec raison que l'hypothèque générale ne grève les biens qu'à la date de leur acquisition (2).

(1) *Traité des successions*, liv. IV, ch. II, sect. 1re, n° 12.

(2) Legrand, sur l'art. 83 de la *Coutume de Troyes*, Gl. III, n° 16; Basnage, *des hypoth.*, 1re partie, t. II. ch. XIII; D'Héricourt, *de la vente des immeubles*, ch. II, sect. 2, n° 11; Pothier, *Des successions*, t. I. p. 331. C'est encore évidemment la solution qui devrait être donnée sous l'empire du Code Napoléon : ainsi, un mari acquiert un immeuble hypothéqué du chef du vendeur à une date postérieure à celle du mariage de l'acquéreur; néanmoins l'hypothèque légale de la femme ne saurait passer avant cette hypothèque conventionnelle; car, bien qu'aux termes de l'art. 2135, l'hypothèque légale des femmes existe sur les immeubles du mari pour raison de leurs dot et conventions matrimoniales à compter du jour du mariage, encore faut-il pour

Même au cas où la créance hypothécaire était productive d'intérêts, la séparation des patrimoines n'était pas avantageuse, comme elle le serait sous le Code Napoléon, au créancier hypothécaire de défunt. Dans l'ancien droit, en effet, vu la clandestinité des hypothèques, les intérêts étaient garantis, comme la créance elle-même, par suite de la maxime *accessorium sequitur principale.*

Contrairement au droit romain, il fut admis par la jurisprudence de plusieurs parlements que les créanciers de l'héritier pouvaient, eux aussi, demander la séparation des patrimoines (1). Les nombreux auteurs qui soutiennent cette thèse partent de cette idée qu'il est juste d'accorder aux créanciers de l'héritier le même droit qu'aux créanciers du défunt. Lebrun (*loc. cit.*) a rétabli les véritables principes, en démontrant que les créanciers d'un homme vivant ne pouvaient l'empêcher d'ajouter de nouvelles dettes à ses anciennes, par une adition d'héritier, comme de toute autre manière. Ce système est aussi celui de Pothier.

cela qu'on puisse concevoir qu'à cette date l'hypothèque a été acquise du chef du mari, puisque, comme le dit M. Barafort (*loc. cit.* § 184), c'est le droit de propriété du mari qui est le fondement et la base du droit hypothécaire de la femme. — En ce sens : Grenoble, 18 mars 1854, Dall. 54, II, 93 ; Demolombe, *loc. cit.*, § 196 ; Aubry et Rau, t. IV, p. 333. — Contra, Pont. *Privil. et hypothéq.*, n° 300 ; et Blondeau, *Séparat des patrim.*, p. 490 ; Pothier, *Success.*, ch. V, art. 4

(1) En ce sens, arrêt du parlement de Paris rendu en robes rouges, le 14 août 1625. *Journal du Palais*, t. II, p. 633. — Brodeau, Lettre II, § 19 ; Raviot sur Perrier, Quest. 291, n° 4 ; Basnage, *Traité des hypothèques*, chap. 13. — Boniface, t. II, liv. IV, tit. 3 et 7.

Quant aux formalités relatives à la demande en séparation des patrimoines, on trouve quelque chose de semblable à l'édit du préteur dans la concession de lettres de chancellerie, qui dans le principe étaient indispensables à l'obtention de notre bénéfice (1). Cette prérogative du souverain, imitation de la juridiction du préteur, qui avait été étendue à plusieurs autres matières encore, telles que le bénéfice d'inventaire et les actions en rescision, devait disparaître pour la séparation, comme pour les autres, par suite de cette réaction perpétuelle des parlements contre l'autorité royale. Aussi Argou (2) nous apprend que la pratique de ces lettres n'étaient plus observées que dans quelques parlements de droit écrit, comme ceux de Toulouse, de Grenoble et d'Aix plus fidèles à ce qui avait une origine romaine. Les auteurs attestent que l'usage des lettres de chancellerie était complétement tombé en désuétude ; Basnage (3), entre autres, écrit à ce sujet : « Suivant nos usages il n'est point besoin de demander la séparation ; » et Lebrun (4) : « La séparation est de plein droit parmi nous et non sujette à demande. » Néanmoins le langage juridique garda la trace de cet usage ; et les auteurs continuèrent à se servir de la locution *demande en séparation*.

Les causes de déchéance du droit de demander

<hr>

(1) Leprestre, *Questions*, cent. I, ch. 75, n° 16; Bugnyon, *Des lois abrogées*, liv. VI, ch. 113.

(2) *Institutions au droit français*, liv. 4, ch. 4.

(3) *Des hypothèques*, ch. 13.

(4) *Loc. cit.* n° 24.

la séparation des patrimoines étaient les mêmes qu'en droit romain. Cependant la plupart des auteurs rejetaient la prescription *quinquennale* et regardaient la demande en séparation comme imprescriptible, parce qu'ils tenaient pour maxime que toutes les prescriptions de la législation romaine devaient être regardées comme abolies, à moins d'avoir été adoptées par les coutumes (1).

SECTION II.

Droit intermédiaire.

La législation intermédiaire n'a rien changé à la nature de la séparation des patrimoines. La loi du 9 messidor, an 3, sur le régime hypothécaire, n'en parle pas; et la loi du 11 brumaire, an 7, qui organise la publicité des priviléges et hypothèques, met notre bénéfice complétement en dehors de ces causes de préférences. L'art. 14 de cette loi, après avoir indiqué l'ordre des priviléges et hypothèques, ajoute, en effet, « le tout » sans préjudice du droit qu'ont les créanciers » des personnes décédées et les légataires de de- » mander la séparation des patrimoines confor- » mément aux lois. » C'est là tout ce que contient la loi de brumaire sur notre bénéfice; elle a donc maintenu, sans modification, les traditions de l'ancien droit et exclu la séparation des patri-

(1) Domat, oc. cit., sect. 2; Lebrun, *loc. cit.*, n° 24; Pothier, ch. V, art. 4; Ferrière sur l'art. 168 de la *Cout. de Paris* et Merlin (*loc. cit.*).

moines du rang des priviléges. C'est bien ce qu'a
décidé un arrêt de cassation du 22 janvier 1806
jugeant que, « sous l'empire de la loi de bru-
» maire an 7, la séparation des patrimoines
» n'était pas un privilége, mais une *exception aux*
» *priviléges*, d'où il suit que cette loi n'a pas
» voulu l'assujettir aux règles établies par l'art. 39
» concernant les priviléges et hypothèques et
» par conséquent que la date de l'inscription
» prise par des créanciers hypothécaires de l'hé-
» ritier est indifférente. » Un autre arrêt de cassation du 8 septembre 1806 donne une solution
identique.

CODE CIVIL.

Je n'ai pas à revenir ici sur l'idée générale de la séparation et sur les raisons qui en ont motivé l'introduction dans le domaine du droit. Mais il est essentiel en commençant l'étude de ce bénéfice, sous l'empire du Code civil, d'en préciser le caractère aussi nettement que possible, afin d'aborder avec quelque assurance la discussion des questions controversées, dont la solution dépendra souvent des principes posés dès l'abord.

Les rédacteurs du Code, au titre des successions, n'ont consacré que quatre articles (878-881) à la matière de la séparation des patrimoines; et au titre des hypothèques, l'art. 2111 soumet ce bénéfice à la publicité et le qualifie de

7

privilége. Les quelques textes certainement très-insuffisants à réglementer et élucider, une matière aussi délicate, si féconde en controverses n'offrent pas même l'avantage d'une rédaction claire et précise. Les travaux préparatoires ne présentent sur cette matière aucun éclaircissement, la discussion au conseil d'État ayant été insignifiante, et les articles adoptés presque sans observation (1).

Il sera donc indispensable, pour remédier à cette insuffisance des textes, de se reporter aux précédents historiques et surtout au dernier état de la jurisprudence qui ne reçut aucune modification sous l'empire de la loi de brumaire, an VII. Cela paraîtra d'autant plus profitable que les art. 878-881 ont été visiblement inspirés par Pothier ; et, pour ne laisser aucun doute sur l'influence de l'ancien droit français sur cette matière, ajoutons que M. Portalis, voulant expliquer au conseil d'État pourquoi il s'abstenait d'entrer dans aucun détail sur la séparation des patrimoines, fit remarquer que, la loi « *l'ayant maintenue, telle qu'elle avait été pratiquée jusqu'à ce jour,* » il était inutile d'en développer les règles.

Comme on a déjà pu le voir, par l'étude du droit romain et de l'ancien droit, la détermination de la nature de notre bénéfice dépend d'un choix à faire entre trois systèmes. Sous l'empire du Code civil, le premier et plus ancien système,

---

(1) V. Locré, *Législation*, t. XVI, 2ᵉ partie ; *Comm.* VII, nᵒ 8.

celui qui se rattache, ou qu'on rattache du moins, au droit romain est écarté d'un accord unanime.

Dans ce système la séparation des patrimoines est dirigée principalement contre l'héritier, elle rescinde complétement son adition, fait revivre la personne du défunt, distingue non pas seulement deux classes de créanciers, mais deux patrimoines, et l'effet en est collectif en ce sens que demandée par l'un quelconque des créanciers héréditaires elle est également accordée à tous. Déjà, dans l'ancienne jurisprudence, ainsi que j'ai cherché à le démontrer plus haut, là séparation n'existait plus avec ces caractères ; et, en l'absence de toute autre considération, cela suffirait à rendre bien peu probable le retour du législateur à des idées abandonnées par tous et notamment par Pothier, qui avait le plus de part à ses déterminations. Mais d'autres raisons tirées des textes en font repousser l'adoption : c'est d'abord l'art. 878, aux termes duquel la séparation est demandée contre les créanciers de l'héritier, et non contre l'héritier ; c'est l'art. 2111, qui, montrant clairement que les créanciers héréditaires conservent un droit de préférence vis-à-vis des créanciers de l'héritier, supposent par cela même que les deux masses n'ont pas deux débiteurs différents ; c'est encore l'art. 880 qui, en disposant, à l'égard des immeubles, que *l'action peut-être exercée*, tant qu'ils restent dans la main de l'héritier, prouve que l'héritier conserve la disposition des biens héréditaires. Enfin j'ajouterai que, lorsque la loi a voulu organiser un régime collectif, elle a réglementé ce régime d'une façon claire et précise, comme en cas d'acceptation bénéficiaire et de faillite; cette réglementation fait absolument défaut pour la séparation des patrimoines.

Restent deux autres systèmes : le système de l'ancien droit français, tel qu'il a été exposé plus haut et tel qu'il a persisté sous la législation intermédiaire, modifié seulement en ce qui concerne la condition de publicité imposée par l'art. 2111; et un système moderne qui transforme complétement la situation des créanciers héréditaires et leur donne un véritable privilége muni d'un droit de suite (1).

C'est au premier de ces deux systèmes que je me rallie; je persiste à penser que la séparation des patrimoines n'a encore pour but que la conservation du gage des créanciers héréditaires, tel qu'il était au moment du décès de leur débiteur et comme s'il vivait encore. Ce gage leur est exclusivement réservé, mais il n'est pas plus parfait que celui de l'art. 2092; et à cet égard les créan-

______

(1) Il ne s'agit évidemment ici de la séparation des patrimoines qu'en tant qu'elle porte sur les immeubles; car sur les meubles, il ne saurait être question d'un droit de suite. Telle est la conséquence de la maxime *en fait de meubles, possession vaut titre* et plus spécialement aussi de cette autre maxime, qui n'en est que la conséquence, *les meubles n'ont pas de suite par hypothéque* (2119). Il est donc évident qu'on ne saurait invoquer le § 2 de l'art. 880 *a contrario*, pour en conclure qu'à l'égard de meubles l'action peut être exercée, même après aliénation; c'est, au contraire, un argument *a fortiori* qu'il en faut tirer.

ciers ne sauraient acquérir une position plus favorable, par le fait seul du décès de leur débiteur.

Cependant cette conservation du gage n'implique pas une distinction parfaite des deux patrimoines en ce sens qu'il n'y a qu'un seul débiteur, l'héritier qui reste toujours obligé envers les deux masses de créanciers. Mais cette distinction ne disparaît cependant pas complétement en ce sens que les créancirs du défunt ne pourront concourir sur les biens personnels de l'héritier avec les créanciers de celui-ci. Ce système a été résumé de la façon la plus exacte et la plus heureuse par M. Dollinger : « Il y a, dit-il, » deux classes de créanciers pour ce qui regarde » les divers intéressés entre eux, il n'y en a qu'une » dans leurs rapports avec l'héritier » (1).

Ce système s'appuie donc sur les précédents historiques de la matière, sur l'idée même qui a toujours été présentée comme motivant la séparation des patrimoines, enfin sur l'art. 880 qui en subordonnant *l'exercice de l'action* à l'existence des biens dans la main de l'héritier exclut le droit de suite. Il trouve, en outre, sa confirmation dans la réfutation des arguments présentés à l'appui du système contraire, et que je vais développer ci-dessous.

(1) *Loc. cit.* p. 40, voy. en ce sens MM. Aubry et Rau, t. IV, p. 343, note 52, Pont. sur les art. 2106 et 2111. — Mourlon, *Examen critique*, n°s 307 et 314. — Troplong, *des priv. et hypoth.*, t. I, n°s 323-327, Contrà ; — Demolombe, p. 221 et suiv.; Barafort, *loc. cit.*, p. 291 et suiv., Nîmes, 16 fév. 1829, Sir. 29, 11, 244. Colmar, 3 mai 1831, Sir. 34, 11, 678. Orléans, 22 août 1840, Sir. 41, 11, 513.

I. On invoque d'abord des arguments de texte tirés des art. 873, 2111 et 2113. L'art. 2111, dit-on, qualifie la séparation des patrimoines de privilége et il trouve sa confirmation dans l'art. 873, aux termes duquel les héritiers sont tenus des dettes et chargés de leur auteur personnellement pour leur portion et *hypothécairement pour le tout*. Ces derniers mots expliqueraient le terme de *privilége* employé par l'art 2111; et l'art 873 contiendrait donc le principe du droit hypothécaire, qui résulte pour les créanciers héréditaires du décès même de leur débiteur, conformément à une ancienne jurisprudence (1). En outre, dit-on, l'art. 2113, qui vise tous les articles qui le précédent et par suite l'art. 2111, déclare que les priviléges à l'égard desquels les formalités n'ont pas été remplies, dégénèrent en hypothèques; la séparation est donc susceptible de dégénérer en hypothèque et par conséquent nécessairement munie du droit de suite.

Je réponds à ces divers arguments.

1° L'art, 873 ne saurait nous arrêter longtemps; évidemment cet article ne dit point que le décès rendra hypothécaires de plein droit les créanciers du défunt, mais seulement que, s'il existe des créanciers hypothécaires du chef du débiteur, ils pourront après sa mort actionner pour le tout

<hr>

(1) Art. 136 *des Placités du parlement de Normandie.* — Godefroy, sur l'art. 193 de la *Cout. de cette province;* et Basnage, *Traité des hypoth.,* t. II, ch. XII, pp. 28 et 31.

l'héritier dans le lot duquel se trouve le bien hypothéqué.

Ce n'est là que l'application de l'art. 1221 § 1. Les art. 332 et 333 de la coutume de Paris confirment bien cette interprétation, ils sont ainsi conçus : « Les héritiers d'un défunt en pareil » degré tant en meubles qu'immeubles sont tenus » personnellement de payer et acquitter les » dettes de la succession chacun pour telle part » et portion qu'ils sont héritiers d'icelui défunt, » quand ils succèdent également. — *Toutefois* » *s'ils sont détenteurs d'héritages qui aient été hy-* » *pothéqués à la dette par le dit défunt, chacun des* » *dits héritiers est tenu de payer le tout sauf son* » *recours (1)* ». Il est vrai que, dans le parlement de Normandie, on considérait comme hypothécaires les créanciers du défunt qui, de son vivant, n'étaient que chirographaires, mais c'était là une exception (2).

2° Les art. 2111 et 2113 ne me paraissent pas davantage pouvoir ébranler mon opinion. Comment ce mot de *privilége* de l'art. 2111 pourrait-il avoir tant d'influence que de modifier complétement les principes de la matière, tels qu'ils résultent de l'ancienne jurisprudence et des art. 878-881? N'avons-nous pas vu plus haut que notre bénéfice dans l'ancien droit était qualifié de privilége; et cependant il est bien

(1) Voy. aussi *Inst. cout. de Loisel*, liv. II, 5, Reg. XI et Pothier, *Des success.*, ch. V, art. 4.

(2) Lebrun, *Tr. des success.*, liv. IV, ch. II, sect. 1re.

avéré qu'alors il ne contenait pas le droit de
suite. D'ailleurs il faut entendre l'art. 2111 *se-*
cundum subjectam materiam ; il se trouve dans une
section qui ne réglemente la conservation des priviléges qu'au point de vue du droit de préférence,
à l'égard des créanciers de l'héritier... dit cet
article. Il ne se sert pas du mot privilége par
forme de disposition, mais par voie énonciative,
pour qualifier seulement le droit de préférence
qui résulte de la séparation. C'est dans l'art. 2103
que se trouve l'énumération des priviléges et
c'est là qu'il serait important de trouver la séparation des patrimoines; or elle n'y est pas énoncée;
et ce silence devient singulièrement significatif,
comme l'a fort bien démontré M. Dollinger (1),
quand on se reporte aux travaux préparatoires.
Le projet du Code rédigé par la commission
du 24 thermidor de l'an VIII (2) ne comprenait
pas de disposition correspondante à l'art. 2111
actuel; et la matière, au titre des successions, était
à peu de chose près rédigée comme le sont aujourd'hui les art. 878-881. Le tribunal de cassation proposa un autre titre des priviléges et hypothèques que celui de la commission qu'il
trouvait incomplet, et dans ce nouveau projet se
trouvait l'art. 8 du titre 6, conçu de la manière
suivante :

---

(1) *Loc. cit.*, p. 36.
(2) Composée de MM. Tronchet, président, Portalis, Malleville et
Bigot de Préameneu.

« Art. 8. Les créanciers privilégiés sur les
» immeubles sont :

» 1° Les créanciers et légataires d'un défunt
» sur les biens de la succession.

» Ils conservent ce privilége par les inscriptions
» faites...

» 2° Le vendeur sur l'immeuble qu'il a vendu
» pour le payement du prix.

» Ce privilége est conservé par la transcription
» du titre...

» 3° Le cohéritier ou copartageant sur les
» biens de chaque lot ou sur le bien licité, pour
» la soulte et retour de lots ou pour le prix de la
» licitation.

» Ce privilége se conserve par l'inscription
» faite.....

» 4° Ceux qui ont fourni les deniers pour le
» payement du prix de la vente, ou de la soulte,
» ou de la licitation.

» Sont conservés à leur profit par les mêmes
» moyens...

» 5° Les architectes et entrepreneurs, etc., em-
» ployés pour édifier, reconstruire ou réparer un
» bâtiment quelconque...

» Ce privilége se conserve par l'inscription.....

» 6° Les frais de dernière maladie et de l'inhu-
» mation, les fournitures des choses nécessaires
» à la vie et les gages des gens de service pendant
» la dernière année...

» Ces priviléges sont reconnus et produisent

» leur effet sans qu'il soit besoin d'aucune ins-
» cription.

» 7° Les frais de scellés et d'inventaire.

» Le privilége de ces frais s'exerce, à défaut du
» mobilier, sur les immeubles en premier ordre
» et sans avoir besoin d'aucune inscription. »

Cet article contenait donc la liste des priviléges complète; et à l'énonciation de chaque
privilége se trouvait annexée la façon de le conserver. Cette rédaction ne fut point adoptée au
conseil d'Etat ; une section fut affectée à l'énumération des priviléges, et une autre à la manière
de les conserver. Seulement dans l'énumération
de l'art. 2103, la séparation n'est pas conservée,
pas plus qu'elle n'était mentionnée dans le premier projet et dans la loi de brumaire an VII,
qui la mettait à part, tandis qu'elle fut conservée
dans l'art. 2114, qui n'a trait qu'à la conservation du droit de préférence. Ne devient-il pas
alors presque certain que l'omission des rédacteurs du Code, dans l'art. 2103, était intention-
nelle et que, sans rien innover sur la nature
même de notre bénéfice, ils ont voulu simplement que le droit de préférence qui en résultait
ne pût être opposable aux tiers, sans leur avoir
été révélé par la publicité, ce qu'il leur était
difficile de faire ailleurs qu'au titre des priviléges
et hypothèques?

L'art. 2114 ainsi compris, la disposition de
l'art. 2113 qui s'y réfère devient bien simple; le
mot *hypothèque*, comme le mot *privilége*, n'y

sera pris qu'au point de vue du droit de préférence ; et ce droit de préférence, en l'absence des formalités de l'art. 2114 ne datera à l'égard des créanciers hypothécaires de l'héritier que du jour où il aura été inscrit.

II. L'art. 1017, objecte-t-on, accorde une hypothèque et par conséquent un droit de suite aux légataires, comment serait-il possible que les créanciers héréditaires fussent moins bien traités qu'eux ?

Je réponds encore qu'il en a toujours été ainsi dans l'ancien droit ; les créanciers héréditaires n'avaient qu'un droit de préférence, tandis que les légataires avaient une hypothèque légale. Nous verrons également que l'hypothèque du légataire est indivisible, tandis que la séparation des patrimoines ne l'est pas. On peut expliquer ces anomalies par les considérations suivantes : les légataires méritent une protection spéciale, parce qu'ils n'ont pas été à même, comme les créanciers héréditaires, de stipuler des garanties hypothécaires qui les protégent contre les actes des héritiers qui sont généralement mal disposés à leur égard. On fait valoir aussi que le législateur a toujours veillé à l'observation de droits éminemment respectables, comme résultant de la dernière volonté d'un mourant.

D'ailleurs, si au point de vue du droit de suite, l'hypothèque est préférable à la séparation, celle-ci, à d'autres points de vue est plus avantageuse ; nous aurons l'occasion d'y revenir plus bas, en indiquant les différences qui séparent ces deux garanties.

III. « La séparation des patrimoines, dit M. De-
» molombe, repose essentiellement sur ce prin-
» cipe que l'héritier ne pouvant pas *s'approprier*
» les biens de la succession, avant que les créan-
» ciers du défunt et les légataires aient été d'abord
» payés sur le prix de ces biens qui sont leur
» gage, ceux qui ne sont que les ayants cause de
» l'héritier, ne peuvent pas avoir sur les biens
» de la succession plus de droits que l'héritier
» lui-même. Or les acquéreurs sont tous aussi
» bien que des créanciers les ayants cause de l'hé-
» ritier, donc ils ne peuvent avoir à l'encontre
» des créanciers héréditaires et des légataires plus
» de droits que les créanciers de l'héritier. »

Je conteste formellement une règle ainsi posée : sans doute les biens ne passent à l'héritier que sous l'obligation d'acquitter toutes les charges, cette règle tirée de l'art. 724 n'a rien de spécial à la séparation des patrimoines, ne fait peser sur l'héritier qu'une obligation purement personnelle et laisse entier son droit de propriété. Or, s'il fallait admettre, comme M. Demolombe, que l'héritier ne peut *s'approprier les biens* de l'hé-rédité, qu'après en avoir acquitté toutes les charges, on serait conduit à lui refuser le droit d'aliéner ces biens, ce qui est insoutenable en présence de l'art. 880. L'héritier a donc le droit d'aliéner les biens héréditaires, qu'il ait ou non acquitté les charges de la succession ; les acqué-

reurs sont investis du droit de propriété que l'héritier leur a transmis plein et entier, et ne sauraient être inquiétés à raison de ces obligations
purement chirographaires. Si vous répondez,
mais ces obligations ne sont pas chirographaires,
en vertu de la séparation des patrimoines, elles
sont munies d'un droit de suite, vous faites une
pétition de principes, car c'est précisément là ce
qu'il faut prouver; ou bien vous tombez dans
cette ancienne théorie du parlement de Normandie, qui par le seul fait du décès rendait hypothécaires tous les créanciers du défunt.

Même, à l'égard seulement des créanciers de
l'héritier, il ne me paraît pas exact de dire que la
séparation des patrimoines repose essentiellement sur cette idée que l'héritier ne prenant les
biens héréditaires qu'à la charge de payer les dettes héréditaires et les legs, les créanciers, ses
ayants cause, n'ont le droit de venir sur ces
biens que *deducto ære alieno*. Car à raisonner
rigoureusement on peut répondre : l'héritier, il
est vrai, ne prend les biens qu'avec l'obligation
corrélative d'en acquitter les charges, et les créanciers de l'héritier ne peuvent méconnaître cette
obligation, mais quelle en est la mesure? D'après
le droit commun l'héritier n'est pas obligé de
payer les créanciers héréditaires autrement que
les autres, c'est-à-dire au marc le franc, tant
qu'il ne sera pas revenu à meilleure fortune, puisque par l'effet de la confusion des patrimoines,
l'actif et le passif de la succession se sont confon-

dus avec l'actif et le passif de l'héritier. C'est ici qu'apparaît l'idée qui est bien réellement le fondement essentiel de la séparation des patrimoines que j'ai exposée dès les premières lignes de ce travail, c'est-à-dire la nécessité de conserver séparé leur gage à des créanciers qui en contractant ne pouvaient prévoir l'insolvabilité de l'héritier de leur débiteur. Notre bénéfice ne fait donc que conserver aux créanciers du défunt leur situation antérieure, mais ne l'améliore pas.

Non, réplique-t-on, vous améliorez leur situation, quoi que vous en ayez, car il faut bien avouer que l'héritier ne peut pas hypothéquer les immeubles de la succession au préjudice des créanciers héréditaires qui ont rempli les formalités de l'art. 2111 ; or, le défunt, lui, s'il vivait, pourrait consentir de nouvelles hypothèques sur ces biens. Or comprendrait-on qu'il fût interdit à l'héritier d'hypothéquer les immeubles héréditaires et qu'il lui fût permis de les aliéner et de les soustraire entièrement à l'action des créanciers munis du droit de séparation ? — On peut se rendre compte de cette différence, me semble-t-il, en réfléchissant que la séparation est demandée non contre l'héritier et ceux qui pourraient acquérir de lui les immeubles héréditaires, mais contre ses créanciers personnels ; il semblerait donc singulier que ces créanciers pussent se soustraire à l'effet de la séparation en acquérant des hypothèques sur les immeubles séparés de leur gage. Ajoutons que l'argument revient à

dire : qui ne peut le moins ne peut pas le plus ;
qui ne peut hypothéquer, ne peut aliéner ; —
or, il peut y avoir des raisons de défendre le
moins et de permettre le plus : la loi romaine
permettait au mari d'aliéner l'immeuble dotal
avec le consentement de sa femme; elle lui défendait de l'hypothéquer même avec ce consentement. L'hypothèque consentie par l'héritier est
plus dangereuse peut-être que l'aliénation, car
elle est plus facile pour lui, elle ne le privera pas
de la jouissance de la chose, tandis que l'aliénation l'en dépouillera, et le prix en sera difficilement réalisable pour lui, par suite des saisies-
arrêts et de la possibilité de l'action Paulienne,
si les circonstances de la vente, sa clandestinité,
sa précipitation font présumer la fraude. C'est
ainsi encore que sous l'empire du Code le donataire d'un immeuble sujet à rapport peut l'aliéner définitivement, tandis qu'il lui est interdit de
l'hypothéquer au préjudice de ceux qui seront un
jour ses cohéritiers (art. 859 et 865). S'il en est
ainsi dans l'espèce, dit M. Mourlon (1), c'est
qu'apparemment la loi a craint que la défense
d'aliéner n'entravât la circulation des immeubles
et ne portât indirectement atteinte aux droits de
l'État. Or cette considération, bien que peu logi-
que peut-être, ce que nous n'avons point à examiner, explique, si elle ne la justifie pas, la
différence admise ici entre l'aliénation et l'hypothèque.

(1) T. III, p. 577.

IV. Le droit de suite, poursuit-on, est indispensable pour que la garantie que la loi a voulu procurer aux créanciers héréditaires soit sérieuse ; car, sans lui, il suffirait à l'héritier d'aliéner les immeubles héréditaires pour rendre la séparation des patrimoines sans effet.

Cela ne suffira pas ; il faudra que le prix soit payé réellement ; or, le créancier héréditaire peut s'empresser, aussitôt la vente conclue, de former opposition entre les mains de l'acquéreur. Si la vente lui a été cachée, si elle a été faite sous les conditions détestables d'une aliénation sous le manteau de la cheminée, si le payement a été précipité, il pourra y avoir lieu d'exercer l'action Paulienne, ces circonstances faisant présumer la fraude. Mais si la vente a été faite loyalement, si le prix en a été payé sérieusement, dans ces conditions, il est clair que la séparation des patrimoines n'a plus d'effet sur l'immeuble vendu, on ne saurait lui en donner sans dépasser le but du législateur.

« V. La qualification de privilége donnée par
» les art. 2111 et 2113, dit M. Demolombe (p. 227),
» est d'autant plus exacte sous notre droit nou-
» veau que, d'une part, la séparation des patri-
» moines n'est plus un droit collectif de tous les
» créanciers, mais un droit individuel de chacun
» des créanciers du défunt contre chacun des
» créanciers de l'héritier ; et que d'autre part,
» elle n'implique pas du tout, comme chez les
» Romains, la rescision de l'acceptation de l'hé-

» ritier; d'où il résulte que les créanciers du dé-
» funt et les créanciers de l'héritier ayant, en
» effet, l'héritier pour débiteur commun, toute
» préférence qui est accordée aux uns sur les au-
» tres constitue nécessairement un privilége. »
C'est faire table rase de toute l'ancienne théorie.
Comment expliquer alors, avec un semblable
point de départ, que les créanciers héréditaires
ne concourent pas sur les biens de l'héritier avec
ses créanciers personnels? Comment expliquer
qu'entre créanciers héréditaires le bénéfice de la
séparation des patrimoines n'est pas opposable?

Et d'ailleurs dans l'ancienne jurisprudence on
admettait le caractère individuel de la séparation
et le maintien de l'adition sans pourtant en faire
résulter l'existence d'un véritable privilége.

CHAPITRE II.

PAR QUI ET CONTRE QUI LA SÉPARATION DES PATRIMOINES PEUT-ELLE ÊTRE DEMANDÉE.

A. — *Par qui ?*

Aux termes des art. 878 et 2111 ce droit appartient aux créanciers du défunt et aux légataires. Mais, contrairement à ce qui avait lieu en droit romain et conformément à ce qui se passait dans l'ancienne jurisprudence, il appartient à chacun d'eux individuellement ; c'est-à-dire que chacun d'eux a le droit de la demander isolément et pour son propre compte, en sorte qu'elle ne profite, *vis-à-vis des créanciers de l'héritier*, qu'à celui ou à ceux des créanciers de la succession ou des légataires qui l'ont demandée. Au reste rien ne s'opposerait à ce que tous les créanciers et les légataires, ou plusieurs d'entre eux se réunissent pour former une demande collective.

§ 1. — *Créanciers.*

Notre bénéfice est accordé à tous les créanciers du défunt, quelles que soient les modalités et les garanties de leurs créances et la forme des actes instrumentaires qui les constatent.

Il est accordé, dis-je, aux créanciers du défunt, mais à eux seuls et par conséquent les créanciers de l'héritier ne sauraient y prétendre. Il n'existe plus aucun doute sur ce point, l'art. 881 ayant pris soin de le déclarer formellement ce qui n'était pas inutile en présence des hésitations de l'ancienne jurisprudence. Il est inutile de revenir sur les motifs de cette exclusion qui a déjà été suffisamment justifiée plus haut.

Que faut-il entendre par créanciers du défunt? L'art. 878 ne fait aucune distinction : de là les solutions suivantes :

La séparation des patrimoines peut être demandée par les créanciers à terme, avant l'échéance du terme, et par les créanciers conditionnels avant l'événement de la condition. Seulement il y aurait lieu d'ordonner alors suivant les circonstances, soit que le montant de la créance serait déposé à la caisse des consignations, jusqu'à ce que le terme fût échu et la condition accomplie ou défaillie, soit que les autres créanciers héréditaires, ou même ceux de l'héritier le toucheraient, à la charge de donner caution de le rapporter à l'échéance du terme ou à l'accomplissement de la condition, soit enfin que le créancier conditionnel toucherait lui-même le montant de sa créance, à la charge aussi de le rapporter si la condition ne s'accomplit pas.

Je n'admettrai pas cependant qu'on pût en laissant le montant de la créance entre les mains de l'héritier, l'obliger à donner caution. Ce n'est pas contre lui qu'a été déclarée la séparation des patrimoines, celle-ci ayant produit son effet, on

laisse entre ses mains une portion de l'héritage ;
il en demeure saisi en vertu de son titre successif ; sans doute il reste obligé envers le créancier
à terme ou conditionnel du défunt, mais personnellement et n'est tenu à aucune garantie. Un
arrêt de la cour de Paris du 31 juillet 1852,
(Sirey, 52, 2, 601) a consacré cette opinion.

Les créanciers hypothécaires, comme les chirographaires, ont droit à la séparation des patrimoines ; ils peuvent, en effet, y avoir un très-grand intérêt. D'une part, leur hypothèque ne
porte que sur des immeubles ; la séparation des
patrimoines porte sur meubles et immeubles ;
d'autre part si leur hypothèque n'est pas générale
elle pourra être insuffisante, elle ne garantira les
intérêts échus que pour deux années et l'année
courante ; la séparation, au contraire, garantira
tous les accessoires de la créance et notamment
tous les intérêts échus. Si l'hypothèque est générale, on a voulu trouver encore un intérêt à
demander la séparation des patrimoines pour le
cas où des créanciers de l'héritier seraient également munis d'hypothèques générales antérieures en date ; j'ai déjà repoussé cette opinion plus
haut, en note, en développant la même question
dans l'ancien droit (1).

Je passe rapidement sur quelques questions qui
ont déjà été examinées en droit romain et qui se
résolvent maintenant encore par les mêmes principes.

(1) V. *suprà*, p.

Le débiteur succède à la caution, ou *vice versa* ; les créanciers du défunt conservent-ils le droit de demander la séparation malgré la confusion opérée ? La réponse doit-être affirmative, par suite de ce principe que la confusion est plutôt une impossibilité de fait entravant l'exercice du droit qu'un mode d'extinction de l'obligation.

Le créancier succède pour partie à son débiteur ; il pourra néanmoins demander la séparation contre les créanciers de ses cohéritiers pour la partie de sa créance dont il n'a pas été fait confusion sur sa tête.

Lorsque deux successions respectivement débitrices sont réunies dans la personne d'un même débiteur, comme dans le cas où un enfant trouve dans l'hérédité maternelle des actions en reprise contre son père dont il a déjà recueilli la succession, la séparation des patrimoines demandée par les créanciers de l'une des successions fera revivre activement et passivement tous les droits qui avaient été momentanément paralysés par la confusion.

Si vous supposez que c'est après plusieurs transmissions héréditaires successives que plusieurs successions se trouvent réunies sur la même tête ; c'est dans l'ordre de ces transmissions que devra être demandée la séparation des patrimoines. Ainsi Secundus succède à Primus, et transmet sa succession à Tertius ; les créanciers de Primus pourront demander la séparation des patrimoines contre les créanciers de Secundus et contre ceux de Tertius ; ceux de Secundus le pourront contre les créanciers de Tertius seulement.

Bien que la séparation des patrimoines ne soit accordée qu'aux créanciers d'un défunt ; il peut arriver cependant qu'elle le soit alors même que le décès ne serait pas certain. Je veux parler du cas d'absence. Pendant la période de la présomption d'absence, il ne peut être question d'une confusion de patrimoines et les intérêts des créanciers de l'absent seront suffisamment sauvegardés par les mesures préparatoires prises.

Ils pourront ensuite faire déclarer l'envoi en possession provisoire, bien que cela soit contesté, et pendant cet envoi provisoire, les mesures prises dans les art. 126 et 128 et surtout la caution imposée aux envoyés en possession les protégeront suffisamment contre la possibilité d'une confusion. Mais lorsque l'envoi définitif sera prononcé, la confusion sera à craindre et comme cet envoi donne ouverture à tous les droits qui sont subordonnés au décès de l'absent, la séparation des patrimoines pourra être obtenue.

On s'est demandé encore si les créanciers d'une succession anomale pouvait demander la séparation contre les créanciers de l'ascendant donataire. Je pense qu'il faut répondre affirmativement, bien que ce soit là une succession à titre particulier, parce que ceux qui demandent la séparation n'en sont pas moins les créanciers d'un défunt, ils s'adressent aux créanciers d'un *véritable héritier*, qui est tenu d'une quote-part des

dettes et même *ultra vires* sur ses propres biens:
les dangers de la confusion sont aussi à craindre
pour eux que si la succession était *in universum
jus* : je pense donc qu'il y a lieu d'accorder la séparation des patrimoines.

§ 2. — *Légataires.*

Dans les art. 878-881 il n'était pas parlé des
légataires ; mais en présence de l'art. 2111 et
des précédents historiques, on ne doit pas douter
qu'ils n'aient aussi le bénéfice de la séparation des
patrimoines.

Mais il faut d'abord écarter les légataires universels et à titre universel qui n'ont aucun intérêt à demander la séparation, puisqu'ils sont eux-
mêmes *loco heredum* et n'ont pas besoin de ce
bénéfice pour repousser, après le partage, toute
préten t ir de la part des créanciers de leurs cohéritiers, sur les biens qui leur sont échus, l'effet
déclaratif de l'art. 883 les mettant à l'abri de
toute réclamation.

Parmi les légataires à titre particulier, il faut
encore écarter ceux auxquels est légué un objet
certain ; car aux termes de l'art. 1014, ils ont un
droit sur la chose, c. à. d. une véritable action en
revendication qui rend complétement inutile le
simple droit de préférence qui résulte de la séparation. Tout au plus sera-t-il exact de dire comme
M. Dufresne (1) que la séparation des patrimoines

(1) *Traité de la séparation*, n° 19.

sera encore avantageuse pour procurer au légataire les fruits de la chose ; car ces fruits étant presque toujours des objets *in genere*, l'action de l'art. 1014 n'aura pas à leur égard la même efficacité qu'à l'égard de l'objet principal.

C'est donc seulement pour le légataire particulier d'une chose *in genere* que la séparation des patrimoines présente quelque utilité.

On a soutenu que l'hypothèque légale des légataires et le droit de séparation avaient été confondus dans l'art. 2111 et ne formaient qu'une seule même garantie (1). Toute la question revient à savoir si le législateur a bien rétabli l'hypothèque légale du légataire.

Je ne puis entrer ici dans tous les détails de cette question qui exige un certain développement. Je dirai seulement que dans le droit romain (2) comme dans l'ancienne jurisprudence (3), l'hypothèque légale du légataire, et le privilége de la séparation des patrimoines ont toujours été considérés comme deux garanties parfaitement distinctes ; que dans les travaux préparatoires (4) l'intention de maintenir l'hypothèque du légataire est manifeste, et qu'en présence de ces précédents, il ne me paraît pas

(1) Toullier, V, 567 ; Duranton, IX, 386 ; Aubry et Rau, § 712, notes 21 et 22.

(2) Constit. 1re, Code, VI, 43.

(3) Pothier, Introd. au titre XVI, sect. V, art. 3 et *Traité des success.*, ch. V, art. 1 § 2.

(4) Art. 99 et 100 du projet du Code, Locré, t. XI, p. 242 et 243, art. 88 et 89.

douteux que l'art. 1017 contient une mention très-suffisante de cette hypothèque.

Ceci posé, il est facile d'indiquer quelles sont les différences qui séparent la séparation des patrimoines de l'hypothèque du légataire.

1° La séparation des patrimoines porte sur les meubles et les immeubles ; l'hypothèque du légataire sur les immeubles seulement.

2° Supposons que le légataire inscrive son hypothèque le même jour que d'autres créanciers hypothécaires de l'héritier, aux termes de l'art. 2147, ces créanciers et lui exerceront en concurrence leur action hypothécaire ; tandis qu'à l'aide de la séparation des patrimoines non dégénérée en hypothèque, il sera toujours préféré à tous les créanciers hypothécaires de l'héritier, quand même ils prendraient inscription le jour même de l'ouverture de la succession.

3° La séparation prise dans les six mois du décès a un effet rétroactif ; l'hypothèque n'a jamais d'effet qu'à sa date.

4° L'hypothèque est indivisible ; la séparation des patrimoines ne l'est pas.

5° L'hypothèque contient un droit de suite, la séparation ne procure qu'un simple droit de préférence.

6° Enfin l'hypothèque n'est pas soumise à la cause de déchéance contenue en l'art. 879 qui fait obstacle à la demande en séparation.

B. — *Contre qui ?*

Dans cette interrogation : contre qui est pratiquée la séparation des patrimoines, il ne s'agit pas de la question de forme qui sera examinée plus tard, mais seulement de savoir contre qui est dirigé l'effet de la séparation des patrimoines, contre qui elle est efficace.

C'est contre les créanciers de l'héritier que la séparation des patrimoines produit son effet ; les art. 878 et 2111 ne laissent aucun doute sur ce point ; et, contre tous ces créanciers, quels qu'ils soient ; « contre tout créancier », dit l'art. 878. Ainsi les créanciers de l'héritier, même les plus intéressants, devront subir les effets de cette séparation, ceux-là même auxquels les art. 2101 et 2104 accordent un privilége général sur les meubles et les immeubles, et qui sont préférés à tous autres créanciers privilégiés et hypothécaires.

M. Dufresne (1) a cependant présenté comme faisant exception à cette règle, les créanciers dénommés aux §§ 4 et 5 de l'art. 2103, parce qu'ils ont, sur l'ordre de l'héritier, exécuté des travaux sur les immeubles héréditaires ou fait des frais pour la conservation de ces immeubles ; mais MM. Aubry et Rau (2) ont fait observer que ce n'était pas là une véritable exception à notre

---

(1) *Loc. cit.*, n° 46.
(2) Aubry et Rau, t. V, p. 213, note 15.

règle, parce que les personnes auxquelles sont dues des charges de l'hérédité, doivent en matière de séparation des patrimoines, être assimilées aux créanciers, non de l'héritier, mais du défunt.

La séparation pourrait-elle être efficace contre les légataires ? On serait tenté de répondre négativement parce que les art. 878 et 2111 n'établissent la séparation des patrimoines que contre les créanciers de l'héritier, et parce que les legs ne sauraient être acquittés avant le payement des dettes « *nemo liberalis nisi liberatus* ». Mais l'héritier par son acceptation s'est engagé personnellement envers les légataires ; or les biens du défunt se confondant à dater de l'ouverture de la succession, avec ceux de l'héritier, et devenant, dès ce moment, le gage commun de tous ceux envers lesquels ce dernier se trouve obligé, soit en son nom personnel, soit comme représentant du défunt, les créanciers héréditaires ne peuvent prétendre à aucun droit de préférence envers les légataires à moins qu'ils ne l'aient conservé au moyen de la séparation des patrimoines. Il n'y a pas lieu d'objecter que la séparation des patrimoines n'est accordée que contre les créanciers de l'héritier, car précisément les légataires sont devenus par l'effet de l'acceptation de l'héritier ses créanciers directs et personnels. Quant à la maxime « *nemo liberalis nisi liberatus* », elle n'est consacrée nulle part sous une forme aussi vague ; et d'ailleurs elle ne disparaîtra pas ; mais elle ne pourra recevoir d'application que lorsque la confusion des patrimoines aura cessé (1).

MM. Demolombe, Aubry et Rau vont plus loin et affirment même que les créanciers du défunt ou les légataires pourraient se trouver obligés de demander la séparation, même contre d'autres créanciers du défunt ou contre d'autres légataires, au cas où l'héritier leur aurait accordé quelque sûreté spéciale sur les biens de la succession. Je ne crois pas cette affirmation fondée, car les créanciers héréditaires qui recevraient ainsi une cause de préférence du chef de l'héritier seraient, en vertu de l'art. 879, assimilés aux créanciers de celui-ci et déchus du droit de demander la séparation des patrimoines ; par suite celle-ci invoquée contre les créanciers de l'héritier le serait de plein droit contre eux.

Quand on dit que la séparation est accordée contre les créanciers de *l'héritier*, est-ce à dire qu'il faille exclure les cas de successions non légitimes ? M. Dollinger (2) a soutenu que les créanciers d'une succession testamentaire n'auraient pas le droit d'invoquer la séparation des patrimoines contre les créanciers d'un légataire universel ou à titre universel ; et il paraît bien

(1) En ce sens : Aubry et Rau, t. V, p. 221 ; — Demolombe, *loc. cit.*, p. 417 et suiv.; et Cass. 9 déc. 1823, Sir. 24, 1, 103 ; — Grenoble, 21 juin 1841, Sir. 42, II, 355; — Bordeaux, 26 avr. 1864, Sir. 64, II, 262.

(2) *Loc. cit.*, p. 83.

que sa solution serait la même pour les successions irrégulières ; elle s'appuie sur les considérations suivantes : les légataires universels et à
titre universel ne sont jamais tenus des dettes
qu'*intra vires bonorum*, ce qui empêche les créanciers héréditaires de venir sur les biens propres
de l'héritier. De plus il s'agit là d'une cause de
préférence qu'il faut limiter aux termes mêmes
du Code, or il n'y est parlé que d'une succession
ab intestat. Toutefois, M. Dollinger fait une distinction, et accorde la séparation au cas où le
légataire universel n'est pas en présence d'un
héritier réservataire et par suite à la saisine ;
distinction inexplicable, car on ne voit pas trop
l'importance que peut avoir la saisine en pareille
matière. Mais c'est le raisonnement tout entier
que j'attaque.

Les légataires à titre universel, dit-on, ne sont
tenus qu'*intra vires* et pas sur leurs propres biens ;
je conteste d'abord ce point qui est très-contro-
versé, mais quand même il serait exact, cela
n'empêche que les créanciers du successeur testamentaire puissent venir sur les biens du défunt
par l'effet de la confusion des patrimoines ; le
danger et par suite la raison d'accorder notre bénéfice sont donc les mêmes qu'en cas de succession légitime. La loi, dit-on, ne l'accorde qu'aux
créanciers d'une succession *ab intestat* ; où a-t-on
vu cela, est-ce dans les termes de nos articles ?
Mais l'art. 878 dit : « *ils peuvent demander.....* »
qui donc « *ils* » ? Les créanciers dont il est parlé

dans l'art. 877, et qui sont les créanciers d'un défunt, peu importe que la succession soit testamentaire ou *ab intestat*; et personne ne doute que l'art. 877 ne soit applicable aux deux espéces de successions; pourquoi en serait-il autrement de l'art. 878? De plus l'art. 2111 ne dit-il pas : « *A l'égard des créanciers des héritiers ou représentants du défunt*? Est-il rien de plus large? Enfin est-ce de la place des art. 878-881 au titre des successions *ab intestat* qu'il faut induire l'exclusion des successions testamentaires? Mais n'y-a-t-il pas dans ce titre un grand nombre de dispositions qui sont incontestablement applicables aux legs à titre universel; par exemple, les dispositions relatives aux formes et aux effets du partage, à la garantie des lots, et même les art. 877 et 882 pour ne pas sortir de notre section? Les mêmes raisons d'opportunité se présentent pour décider pareillement à l'égard des articles 878-881, que je considère comme également applicables aux successions irrégulières.

La séparation des patrimoines sera-t-elle accordée dans le cas d'un partage d'ascendants?

Il faut distinguer : ou le partage a lieu par testament, et alors ce partage n'ayant lieu qu'au décès du testateur, il n'y a pas lieu de refuser la séparation plus que dans toute autre succession; ou bien le partage a lieu par acte entre-vifs, et, ce partage ne présentant à l'égard des tiers que le caractère d'une donation entre-vifs des biens présents, il ne peut être question d'accorder aux créanciers du partageant la séparation. Ils pourront seulement exercer l'action révocatoire, conformément à l'art. 1167, si la libéralité est faite en fraude de leurs droits.

CHAPITRE III.

SUR QUELS BIENS PORTE LA SÉPARATION DES PATRIMOINES.

La séparation des patrimoines comme l'indique son nom agit sur tous les biens, meubles ou immeubles, corporels ou incorporels qui font partie de l'hérédité.

Ainsi parmi les biens du défunt on comprendra toutes les créances qu'il avait soit contre l'héritier, soit contre des tiers. On a prétendu cependant que la saisine de l'héritier avait pour effet de rendre irrévocable l'extinction de sa dette par la confusion héréditaire. Mais la séparation des patrimoines ayant pour effet essentiel de rétablir le gage des créanciers héréditaires, tel qu'il était avant le décès, malgré la confusion, on peut dire que la dette sera censée n'avoir pas été éteinte et la saisine, à cet égard du moins, sera non avenue.

Il faut en dire autant de toutes les actions résolutoires et en restitution de choses héréditaires détenues par des tiers. Les créanciers du défunt exerceront ces actions, en vertu de l'art. 1166, ne seront pas obligés d'en partager l'émolument avec les créanciers de l'héritier et pourront faire saisie-arrêt entre les mains du tiers qui en est passible, afin d'empêcher l'exercice de l'action par d'autres que par eux.

Spécialement en ce qui concerne le pacte de rachat, les créanciers héréditaires pourront exercer l'action en réméré de la vente conclue par le défunt sous cette clause. Quand même l'héritier aurait exercé l'action et payé le réméré lui-même, l'immeuble ainsi acquis n'en deviendrait pas moins le gage des créanciers héréditaires, car la propriété de l'immeuble se trouvait dans la succession sous une condition suspensive et cette condition est accomplie. Toutefois comme l'héritier a fait les affaires de la succession, en conservant le gage commun, il aura pour la répétition de ses frais sur la chose le droit de rétention résultant de l'art. 1673.

La séparation des patrimoines ayant pour but la réalisation d'un droit de préférence qui porte sur l'hérédité tout entière, considérée comme universalité juridique, plutôt que sur des objets héréditaires individuellement envisagés, elle se trouve par cela même soumise à l'application de la règle *in judiciis universalibus res succedit in locum pretii, et pretium in locum rei*. Cette règle, bien que non reproduite textuellement dans le Code Napoléon, y sert de base à plusieurs de ces dispositions (art. 132, 747, 766, 1066 et 1067). Or on sait que lorsqu'une chose de l'hérédité, mobilière ou immobilière, a été aliénée, avant ou après la demande en séparation, elle échappe à l'exercice de notre bénéfice; mais en vertu du principe énoncé ci-dessus, si le prix est encore dû, l'action des créanciers héréditaires pourra s'exercer sur le prix.

Par la même raison si l'héritier a échangé un objet héréditaire contre autre chose, la séparation des patrimoines pourra être exercée sur l'objet acquis en échange; car il doit être considéré comme le prix de l'autre objet auquel il est subrogé.

Faut-il dire que les fruits naturels et civils des objets héréditaires perçus depuis le décès, doivent être réunis par la séparation au gage des créanciers héréditaires, en supposant bien entendu qu'ils n'ont pas été l'objet d'une confusion effective? La plupart des auteurs soutiennent que oui, parce que la séparation ayant pour effet de résoudre la transmission héréditaire, rétroagit au jour de l'ouverture de la succession, en sorte que les fruits se trouvent de plein droit réunis à la succession. Je ne puis admettre ce raisonnement parce qu'il n'est pas exact de dire que la séparation résout la transmission héréditaire; elle la laisse parfaitement subsister, et n'y porte atteinte que lorsqu'il s'agit de conserver aux créanciers héréditaires leur gage tel qu'il existait au jour du décès; or à ce moment les fruits n'existaient pas, ils ne sauraient donc être atteints par la voie de la séparation. MM. Aubry et Rau objectent que si la maxime *fructus augent hereditatem* n'est pas admise en matière de pétition d'hérédité (art. 138), comme cela est uniquement fondé sur la bonne foi de celui qui perçoit, elle doit être applicable en matière de séparation des patrimoines où cette considération ne se présente pas. Je réponds que sans doute, il en serait ainsi, si l'héritier était de mauvaise foi, mais comme il est propriétaire et qu'en conséquence il n'y a pas lieu de se préoccuper de sa bonne ou mauvaise foi, à plus forte raison la règle est-elle inapplicable.

Si la séparation des patrimoines s'applique à tous les biens qui ont appartenu au défunt, au moins son action ne peut-elle dépasser ces mêmes biens.

Aussi s'est-on demandé si les biens compris dans une donation entre-vifs faite par le défunt, et révoquée après décès en vertu des art. 953 et suivants, faisaient partie du gage des créanciers héréditaires. Il faut répondre affirmativement, car si les biens ne se trouvaient pas matériellement dans la succession, l'action pour les y faire rentrer s'y trouvait déjà, et cela suffit.

Au contraire la séparation ne s'appliquera pas aux biens qui proviendraient d'une action en réduction que l'héritier aurait intentée contre une donation entre-vifs, pour cause d'atteinte à la réserve. L'art. 921 déclare nettement, en effet, que les créanciers du défunt ne pourront ni demander cette réduction, ni en profiter.

De même notre séparation ne s'appliquerait pas aux biens donnés entre-vifs par le défunt à l'héritier et dont celui-ci devait le rapport à ses cohéritiers. La question était controversée dans l'ancien droit; Bourjon (1) soutenait que ces biens étant rentrés dans la succession, devaient être assimilés à tous les biens héréditaires. Lebrun et Pothier (2), au contraire, ne voyaient dans le rapport qu'un arragement entre cohéritiers destiné uniquement à maintenir l'égalité du partage. C'est dans ce sens que l'art. 857 a tranché la controverse. Il faut donc considérer maintenant le rapport comme un acte étranger aux créanciers héréditaires; et le principe à en tirer, c'est qu'il ne peut leur nuire ni leur profiter. Ce principe nous sera utile pour écarter une difficulté que présente dans la pratique la combinaison du rapport et de la séparation des patrimoines. Voici le cas :

Un père laisse en mourant trois enfants et 180,000 fr. d'actif avec un passif égal. Il a donné entre-vifs à l'un de ses enfants un immeuble valant 30,000 fr.; l'enfant donataire accepte la succession, et dans le partage qui a lieu ensuite, ou bien le fonds tombe dans le lot du donataire, ou il tombe dans le lot des deux autres enfants. La succession se trouve ainsi distribuée: l'héritier qui a dans son lot le bien rapporté obtient en outre 30,000 fr.; et les deux autres cohéritiers chacun 60,000 fr. Comment s'exercera la séparation des patrimoines? Les uns (3) ont dit : les

(1) Bourjon, *Droit commun de la France;* part. II, sect. II, n° 7.
(2) Lebrun; loc. cit., n° 28; Poth. loc. cit., n°s 8, 2, et 32.
(3) M. Delvincourt, t. II, p. 173 et seq.

créanciers héréditaires ne pourront demander à l'héritier propriétaire du bien rapporté que 30,000 fr., car le bien rapporté échappe à leur action, et 50,000 fr. à chacun des deux autres cohéritiers ; car ils ne doivent chacun supporter que le tiers du passif qui est de 150,000 fr. et la séparation ne doit pas porter atteinte au principe de la division des dettes. D'autres (1) ont considéré que ce calcul était dommageable aux créanciers héréditaires qui y perdaient 20,000 fr., et ont décidé qu'ils devaient avoir action pour 50,000 fr. contre chacun des cohéritiers, même contre celui qui a reçu dans son lot le bien rapporté. Je propose une solution différente ; la séparation des patrimoines s'exercera contre le cohéritier propriétaire du bien rapporté jusqu'à concurrence de 30,000 fr. seulement, et contre chacun des deux autres jusqu'à concurrence de 60,000 fr. On objecte que ce système est contraire au principe de la division des dettes ; je reconnais aussi que la séparation n'y doit pas porter atteinte et je le démontrerai plus bas. Mais, dans l'espèce, il est dérogé à ce principe par une règle spéciale consistant, d'une part, dans la nécessité de ne pas toucher au bien rapporté et, d'autre part, dans le droit qu'ont les créanciers héréditaires de considérer le rapport comme une *res inter alios acta* qui ne peut leur préjudicier. Quant aux deux héritiers qui ont

___
(1) Dollinger, *loc. cit.*, p. 78 et Barafort, *loc. cit.*, n° 136 et seq.

payé 60,000 fr. chacun; soit 10,000 fr. de plus
que leur part dans le passif, ils ont, pour cette
somme, un recours contre leur cohéritier, garanti
par le privilége de l'art. 2103 § 3. Ce système
présente le notable avantage d'être également
applicable au cas où le rapport est en moins
prenant; tandis que mes adversaires sont obligés
pour ce cas, de changer leur manière de calculer
et d'adopter celle-là même que j'ai proposée; ce
qui ressemble fort à une inconséquence.

CHAPITRE IV.

CAUSES QUI FONT PERDRE LE DROIT DE SÉPARATION.

§ 1. — *Renonciation expresse ou tacite.*

Il est clair que si un créancier héréditaire renonçait au bénéfice de la séparation par un acte formel, ce bénéfice serait perdu pour lui. Toutefois une pareille renonciation se présentera rarement ; ce qui se présentera plus souvent c'est le cas où la renonciation pourra résulter de certaines circonstances. L'art. 879 se réfère à ce genre de renonciation que j'appelle *tacite.* « *Ce droit, y est-il dit, ne peut plus être exercé, lorsqu'il y a novation dans la créance contre le défunt, par l'acceptation de l'héritier pour débiteur.* »

Que faut-il entendre par là ? Nous avons déjà rencontré en droit romain une disposition semblable (L. 1, § 10, D. 42, 6). J'ai dit, à cette occasion, qu'il ne fallait pas voir là une véritable novation, et que l'*animus novandi* dont parle le texte devait s'interpréter par ce qui suivait. Ce qui faisait perdre le droit de demander la séparation des patrimoines à Rome c'était le *mens eligendi*, c'est-à-dire l'intention de suivre la personne de l'héritier. Cette déchéance se comprenait dans une législation où, bien qu'il n'y eût pas sur ce point une doctrine absolument certaine, on considérait cependant assez généralement que l'héritier n'était plus le débiteur des créanciers séparatistes et que ceux-ci s'étaient écartés de lui par l'effet de la séparation.

Il est assez singulier que nous retrouvions cette cause de déchéance dans l'ancienne jurisprudence où la théorie n'était plus la même. Nos anciens auteurs (1) ne se sont pas écartés du droit romain sur ce point; ils comprennent bien le mot novation comme synonyme d'acte impliquant l'intention de choisir l'héritier pour débiteur. Pothier (2) seul paraît avoir vu là une véritable novation, lorsqu'il parle d'une « *novation dans la créance.* »

Ces expressions se retrouvent dans l'art. 879 évidemment inspiré par Pothier; mais elles sont suivies de ces mots « *par l'acceptation de l'héritier pour débiteur* » qui en limitent la portée; car il n'est pas douteux, sous l'empire du Code Napoléon, que l'héritier en vertu de la succession restant toujours obligé envers les créanciers du défunt, ceux-ci en stipulant avec lui ne peuvent faire une novation par changement de débiteur. Quoi qu'il en soit, et même en limitant l'expression novation, d'après son ancienne acception, il n'en est pas moins singulier que nous retrouvions cette déchéance, alors qu'on ne peut plus

(1) Doneau, *Comm. de jure civili;* liv. XXIII, ch. 16, n° 10; — Domat, *lois civiles*, sect. II, n° 27; — Lebrun, *loc cit.* n° 25.
(2) *Loc. cit.*

dire exactement que les créanciers héréditaires se sont écartés de la personne de l'héritier.

Voici toutefois comment on peut entendre cet article : la séparation des patrimoines est un témoignage de méfiance à l'égard de l'héritier dont l'insolvabilité est suspectée; or lorsque les créanciers du défunt suivent la foi de l'héritier en traitant avec lui, le législateur présume que par cette marque de confiance ils ont renoncé au bénéfice de la séparation. J'interprète donc ainsi l'art. 879:

« Ce droit ne peut plus être exercé lorsqu'il y a
» *renonciation tacite* par l'acceptation de l'héri-
» tier pour débiteur. »

J'indique de suite un intérêt à distinguer ici la novation de l'art. 879 d'une véritable novation : supposons qu'un créancier héréditaire fasse une véritable novation avec l'un des héritiers du défunt, l'ancienne créance sera éteinte avec toutes ses garanties à l'égard des autres; tandis qu'il peut parfaitement renoncer tacitement au bénéfice de la séparation des patrimoines à l'égard d'un cohéritier qui lui inspire confiance et le conserver à l'égard des autres.

Maintenant quand devra-t-on déclarer qu'il y a renonciation tacite dans le sens de l'art. 879? C'est là en grande partie une question de fait laissée à l'appréciation des juges. On peut cependant indiquer certaines considérations qui sont de nature à guider cette appréciation.

Ainsi les créanciers du défunt doivent pouvoir agir contre la succession pour l'exercice ou même pour la conservation de leurs droits ; or comme les biens de la succession n'ont pas d'autre représentant vis-à-vis d'eux que l'héritier, ils peuvent agir contre lui dans cette mesure sans crainte de compromettre leur droit à la séparation. Au contraire tout acte fait par les créanciers héréditaires avec l'héritier, en dehors de sa qualité d'administrateur de la succession, et témoignant de leur part qu'ils ont considéré l'héritier comme obligé personnellement vis-à-vis d'eux, impliquera une renonciation tacite au droit de séparation.

Rappelons, à l'appui de cette distinction, qu'en droit romain une poursuite judiciaire intentée contre l'héritier n'emportait pas le *mens eligendi* chez les créanciers héréditaires, parce que disait la loi 7. D. (42, 6), *ex necessitate hoc fecerunt.* Au contraire toute convention additionnelle d'intérêt, d'hypothèque, accordant une fidéjussion emportait et emporterait encore maintenant la déchéance du droit de séparation.

Une véritable novation faite avec l'héritier emporterait bien aussi déchéance du droit de séparation ; mais il ne serait pas nécessaire de présumer la renonciation tacite : il suffit de remarquer que, l'ancienne créance étant éteinte avec tous ses accessoires et toutes ses causes de préférence, le bénéfice de séparation serait également perdu avec le reste.

Il est évident, comme on l'a déjà vu en droit romain (L. 1, § 16, 42, 6) que le créancier héréditaire ainsi déchu de son droit ne pourrait se présenter sur les biens de la succession en concours avec les autres créanciers du défunt qui ont demandé la séparation ; car c'est bien au profit du droit qu'il est présumé avoir renoncé ; d'ailleurs ce bénéfice est individuel.

§ 2. — *Confusion.*

La confusion dont il est question ici n'est pas la confusion de droit, mode extinctif des obligations, c'est le mélange matériel des biens du défunt avec ceux de l'héritier, de manière à en rendre à l'avenir la distinction impossible.

M. Demante (1) a écrit que cette confusion existerait nécessairement toutes les fois que les meubles n'auraient pas été inventoriés, et que les créanciers ne seraient pas admis à prouver l'existence des meubles héréditaires, autrement que par un inventaire ou un acte équivalent comme un partage, car il leur a été loisible de requérir l'inventaire en vertu de l'art. 941 (C. pr.). On ne saurait ériger en règle absolue la nécessité de l'inventaire ; en fait, les créanciers peuvent se trouver, par suite de l'éloignement ou de l'ignorance de la succession, dans telle position qu'il ne leur a pas été permis de requérir l'inventaire assez promptement pour éviter un certain mélange qui n'est pas encore une confusion complète ; dans ces circonstances on ne saurait sans injustice leur refuser de prouver par tous les

(1) T. III, n° 221 bis.

moyens possibles l'existence des meubles héréditaires. D'autre part quand même un inventaire
aurait été dressé, il ne s'ensuit pas que la confusion ne puisse encore avoir lieu ; car la confusion
est avant tout un état de fait contre lequel la rédaction d'un écrit est impuissante. Sans doute il
est tel genre de meubles qui, une fois clairement
désignés par l'inventaire, ne pourront plus être
confondus avec les autres. Tels sont, par exemple,
les tableaux et autres objets d'art, les meubles
meublants; mais il en serait autrement de l'ar-
gent, ou des créances dont le prix aurait été
touché par l'héritier.

N'y a-t-il pas moyen pour le créancier héréditaire d'éviter cette confusion par des mesures
conservatoires? Nous examinerons cette question
plus bas sous le § 4, des aliénations.

Je n'ai parlé ici que de la confusion des meubles, parce que celle des immeubles est presque
impossible à imaginer.

§ 3. — *Prescription.*

L'art. 880 limite à trois ans le délai nécessaire
à l'exercice du droit de séparation sur les meubles.

Quel sera le point de départ de ce délai?
MM. Aubry et Rau (1) enseignent que c'est l'acceptation de l'hérédité, en se fondant sur les pré-

(1) T. V, p. 217.

cédente du droit romain qui faisait courir la prescription de 5 ans à partir de l'adition, et en outre sur cette considération que, le délai de l'art. 880 étant fondé sur une présomption de confusion, il ne faut faire courir ce délai que du jour où cette confusion a été possible, c'est-à-dire du jour où l'héritier a accepté la succession. Je ne partage pas cette opinion. D'une part le droit romain ne saurait être invoqué ici; il ne pouvait en effet prendre un autre point de départ que l'adition d'hérédité, puisque le successible n'avait qualité d'héritier qu'autant qu'il avait fait adition. D'après nos lois modernes, au contraire, l'héritier est saisi du jour de l'ouverture de la succession, et l'acception qu'il en fait n'est que la confirmation d'un état préexistant (777). D'autre part, il me paraît fort contestable que le délai de 3 ans soit fondé sur une présomption de confusion, puisque la confusion par elle-même emporte nécessairement l'extinction du droit de séparation et puisqu'il est beaucoup d'objets, comme les meubles incorporels, à l'égard desquels cette présomption de confusion ne serait pas fondée. Je crois plutôt que cette prescription est fondée sur une présomption de renonciation de la part des créanciers héréditaires qui, par leur inaction, sont censés avoir accepté l'héritier pour débiteur.

Je pense, en tirant argument de l'art. 2111 qui fait courir du jour de l'ouverture de la succession le délai de six mois, que le délai de l'art. 880 doit avoir le même point de départ. Il est même à présumer, par suite du silence du législateur qui n'a fixé aucun autre point de départ, que c'est à celui-là qu'il s'est attaché. C'est là, en effet, une époque précise et certaine qu'on peut sans inconvénient prendre comme point de départ ; tandis que l'époque de l'acceptation est incertaine et inconnue.

Cette prescription court contre tous les créanciers, même contre les mineurs et les interdits, à l'exemple des courtes prescriptions.

Le droit d'invoquer la séparation relativement aux immeubles n'est soumis à aucune prescription. On a invoqué en sens contraire l'art. 2262 qui soumet à la prescription trentenaire toutes les actions qui n'ont pas été limitées à un moindre temps. Mais l'art. 880 déroge précisément à cette disposition, puisqu'il dit que la séparation peut être obtenue *tant que les immeubles restent dans la main de l'héritier*; et d'ailleurs le bénéfice de la séparation, comme toutes les autres causes de préférence, est un droit accessoire soumis à la même prescription que la créance garantie.

En cas d'aliénation d'immeubles, nous avons vu que la séparation pouvait encore être exercée sur le prix. Mais sera-t-elle alors soumise à la prescription de 3 ans, comme à l'égard des meubles ? Je pense qu'il faut répondre négativement et considérer le prix comme l'immeuble lui-même puisque « *in judiciis universalibus, pretium succedit loco rei.* »

§ 4. — *Aliénation.*

On a vu que l'héritier, malgré la séparation, conservait le droit d'aliéner les biens héréditaires, et que le droit des créanciers héréditaires consistait en un droit de préférence sur les biens de la succession. Toutefois j'ai déjà remarqué que, l'aliénation faite, le droit de séparation subsistait encore sur la créance du prix et en général sur tout ce qui prend la place de la chose vendue.

On s'est demandé quel secours pourrait être accordé aux créanciers séparatistes contre la possibilité de ces aliénations. Mais j'ai déjà répondu quant aux immeubles que le droit de suite n'existant pas, il ne pouvait y avoir d'autre remède à cet état de choses qu'une saisie-arrêt sur le prix s'il n'est pas payé, ou bien une action Paulienne. Je ne me dissimule pas que ces deux remèdes sont imparfaits. D'une part, en effet, le prix peut avoir été déjà loyalement payé ; et, d'autre part, si l'aliénation a été à titre onéreux, il sera nécessaire pour la faire rescinder de prouver la mauvaise foi des deux parties. Il est telle circonstance cependant où l'action Paulienne me paraîtrait avoir de véritables chances de succès : ainsi l'aliénation a été faite à titre gratuit, il suffira de prouver la mauvaise foi du vendeur ; la vente a eu lieu lorsque les créanciers héréditaires avaient pris l'inscription de l'art. 2111, d'une part, l'héritier qui vend paraît bien chercher à frauder les créanciers du défunt, d'autre part le tiers acquéreur, averti par le registre des inscriptions, semblera facilement d'accord avec son vendeur, surtout s'il s'est empressé de payer son prix, et si la vente a été tenue secrète ; car pour être opposable aux créanciers héréditaires, comme je l'indiquerai plus bas, la vente n'a pas besoin d'être transcrite.

De même qu'on s'est demandé si les créanciers héréditaires n'avaient pas un droit de suite sur l'immeuble vendu, on s'est également préoccupé de savoir s'il n'y avait pas pour eux quelque moyen d'empêcher la vente des meubles.

C'est ainsi que M. Demolombe (1) dit : « Une fois « que les créanciers ont manifesté leur intention « de réclamer leur privilége sur les biens du dé- « funt, on ne saurait admettre que l'héritier ait « encore le droit d'aliéner les meubles qui en sont « grevés, c'est-à-dire d'anéantir à son gré leur « privilége, lui-même. Une telle doctrine ne se- « rait pas seulement contraire à la raison et à « l'équité ; elle blesserait aussi les principes les « plus certains d'après lesquels le privilége sur « un bien quelconque, meuble ou immeuble, im- « plique au profit du créancier privilégié, un « véritable droit de mainmise sur ce bien. » C'est ainsi que M. Duranton (2) enseigne que la notifi-

(1) Loc. cit., p. 120.
(2) VII, 485.

cation faite au debiteur de la séparation équivaut à une *saisie*.

Il m'est impossible de comprendre quelle peut être la base juridique de pareilles allégations, et j'en reviens toujours à ce qui a été dit dès le principe : la séparation n'a d'autre effet que de conserver aux créanciers héréditaires leur gage, comme si le défunt vivait encore, sauf la modification de l'art. 2111.

Où donc les créanciers héréditaires prendraient-ils le droit de paralyser entre les mains de l'héritier la disposition des meubles ? Ils ne peuvent prendre à l'égard de ces meubles d'autres mesures que les voies ordinaires, sauf à exercer ensuite leur droit de préférence sur le prix. Ainsi ils pourront requérir l'apposition des scellés (909 C. pr.), faire dresser un inventaire (941 C. pr.) et si la créance est exigible saisir et faire vendre les valeurs ainsi préservées, à condition toutefois que l'héritier ait pris qualité, c'est-à-dire qu'il ait fait acte d'acceptation ou de renonciation; autrement il opposerait à leur poursuite l'exception dilatoire de l'art. 797. (1) Dans tous les cas, ils pourraient pratiquer des saisies-arrêts entre les mains des débiteurs de la succession ou du prix d'objets héréditaires vendus par l'héritier, en supposant bien entendu que leurs créances soient exigibles.

____

(1) Toutefois la demande n'en serait pas moins valablement formée et interromprait la prescription.

MM. Demolombe (1) et Barafort (2) vont plus loin, ils soutiennent que les créanciers héréditaires pourraient forcer l'héritier, par mesure conservatoire, soit à leur donner caution pour le mobilier, soit à le vendre et à en déposer le prix à la caisse des dépôts et consignations, soit à faire des placements hypothécaires. Ils s'appuient sur les arguments suivants :

1° Qui veut la fin veut les moyens. Or le bénéfice de la séparation serait évidemment illusoire dans un grand nombre de cas, si les créanciers héréditaires n'avaient pas les moyens sus-indiqués pour veiller à la conservation de leurs droits.

2° L'héritier ne peut affecter les meubles héréditaires à ses obligations personnelles que sous la condition que le créancier du défunt et les légataires seront préalablement payés, par conséquent il ne peut anéantir entièrement leur gage en aliénant le mobilier et en recevant le prix.

3° Puisque l'art. 1017 et l'art. 2111 consacrent un droit de suite sur les immeubles en faveur des créanciers héréditaires et légataires, comment n'y aurait-il pas à l'égard du mobilier des mesures conservatoires analogues ?

Ces arguments trouvent leur réfutation dans ce qui a été dit au chapitre Iᵉʳ ; il y a été longuement répondu au sujet du droit de suite, et je ne saurais répondre à ce que je viens d'écrire sans m'exposer à de vaines redites. Je me borne-

<hr>

(1) *Loc. cit.*, nᵒˢ 146 et suiv.
(2) Barafort, *loc. cit.*, nᵒ 194.

rai à rapporter ici quelques motifs extraits de deux arrêts de la cour de Paris qui condamnent ce système (31 juillet 1852, Dalloz, 53, II, 33 et 28 avril 1865, Sirey, 66, II, 49).

1° C'est contre les créanciers de l'héritier qu'est demandée la séparation; il n'en saurait donc résulter pour l'héritier lui-même une obligation personnelle de fournir caution, consigner, etc.

2° La séparation ne modifie point les droits qui résultent pour l'héritier de la saisine héréditaire, et ne saurait en conséquence lui enlever la libre disposition des biens de la succession.

3° Le législateur n'a organisé aucune mesure conservatoire relativement aux meubles.

4° Enfin, spécialement pour le cas où c'est un légataire qui demande la séparation imposée à l'héritier, l'obligation de fournir caution ou hypothèque, de faire un placement ou consigner, c'est dépasser la volonté du testateur, changer la loi du testament.

Il est vrai que j'ai décidé au chapitre II que le créancier conditionnel du défunt pourrait au moment de la répartition de l'actif, demander une caution à l'héritier, ou faire consigner les deniers pour le cas où sa condition s'accomplirait. Il pourrait sembler singulier que je refuse ce droit aux créanciers purs et simples. Mais la raison en est naturelle; ceux dont le droit est exigible n'ont qu'à l'exercer présentement, la loi ne leur donne aucune protection spéciale. Au contraire, les créanciers conditionnels sont menacés de voir leur gage disparaître bien avant que leurs créances soient exigibles ; de là l'art. 1180 qui leur permet d'exercer PENDENTE CONDITIONE *tous actes conservatoires de leurs droits;* ce qui comprendra certainement la faculté d'exiger caution, de faire consigner, ou placer les deniers sous bonne garanties hypothécaires.

Je passe maintenant aux aliénations d'immeubles. Nous avons vu qu'aux termes de l'art. 880, elles faisaient obstacle à la demande en séparation, pourvu que le prix n'en fût pas encore dû. Faut-il en décider autant de tous les actes de disposition de l'héritier ? M. Dollinger (1), à cet égard, distingue trois sortes d'aliénations, je reproduis ici sa division :

1° *Les aliénations qui ont pour but de faire sortir définitivement de la succession l'immeuble ou un démembrement de la propriété :* je pense, comme M. Dollinger, que toutes ces aliénations sont opposables aux créanciers séparatistes.

2° *Les actes de disposition qui ne privent pas l'aliénateur de la propriété d'une façon définitive et irrévocable, comme les constitutions d'hypothèques et d'antichrèses.* Ces actes, comme nous allons le voir, ne sont pas opposables sous certaines conditions aux créanciers héréditaires. Je laisse de côté le gage cité par M. Dollinger, parce que la maxime « en fait de meubles possession vaut titre » rend le droit du gagiste inattaquable ;

(1) *Loc. cit.*, p. 101 et seq.

3° Enfin ce que M. Dollinger appelle des *aliénations de possession*, c'est-à-dire *les louages, prêts, dépôts et séquestres*. Cet auteur soutient que ces actes ne sont pas opposables aux créanciers du défunt. Il me semble, au contraire, évident que l'héritier saisi des biens héréditaires a pu parfaitement en disposer dans cette mesure, d'autant plus que le louage et le prêt à intérêts peuvent être considérés comme des actes de bonne administration faits par l'héritier en sa qualité d'administrateur de la succession ; aucun texte ne déclare le contraire. Il me paraît seulement que les créanciers héréditaires obligés de respecter la possession du locataire ou de l'emprunteur, pourraient comme compensation faire saisir, arrêter entre leurs mains le prix des baux et les intérêts du prêt.

Peu importe que le bail n'ait pas de date certaine, il n'en sera pas moins opposable aux créanciers héréditaires à moins que ceux-ci n'aient déjà fait le commandement qui précède la saisie immobilière, auquel cas, en vertu de l'art. 684 (C. pr.) le bail sera annulé sur leur demande. Mais ceci n'a rien de particulier au droit de séparation et n'est que l'exercice du droit commun.

Quant à l'influence que pourrait avoir la loi du 23 mars 1855 sur les baux de plus de 18 ans et les quittances de trois années de loyers non-échus, j'y reviendrai plus bas.

Je vais examiner maintenant quelles innovations résultent de l'art. 2111 sur la matière de la séparation, telle qu'elle était réglée au titre des successions.

Et je passerai ensuite à la loi du 23 mars 1855 sur la prescription, dans ses rapports avec les actes de disposition de l'héritier.

A. L'art. 2111 soumet la séparation des patrimoines à une inscription qui doit être prise par tous les créanciers du défunt ou légataires pour conserver leur privilége à l'encontre des créanciers de l'héritier.

Cette inscription d'abord, disons-nous, doit être prise par tous les créanciers du défunt, quels qu'ils soient, à terme, ou conditionnels, hypothécaires ou chirographaires. La Cour de cassation, (Req. rej. 30 nov. 1847 Sir. 48, I, 17) a jugé cependant qu'un créancier hypothécaire du défunt, inscrit antérieurement au décès, n'avait pas besoin de prendre l'inscription de l'art. 2111 pour sûreté des intérêts de sa créance, qui n'étaient pas protégés par l'art. 2151, c'est-à-dire pour ce qui dépassait les deux années échues et l'année courante. La Cour suprême, pour justifier sa décision, s'est fondée sur ce que l'inscription prescrite par l'art. 2111 serait sans objet, quant aux créanciers, dont les droits ont été révélés par une inscription préexistante.

Cette objection ne repose que sur une confusion, les droits du créancier hypothécaire ne sont légalement révélés et ne deviennent efficaces à l'égard des tiers, en ce qui concerne les intérêts que dans la mesure de l'art. 2151 ; et pour le surplus l'inscription spéciale de la séparation des patrimoines est nécessaire.

De plus l'inscription doit, pour conserver, d'une manière complétement efficace le droit de préférence de l'inscrivant être prise dans les six mois à dater de l'ouverture de la succession. Le créancier héréditaire qui observe cette condition primera tous les créanciers privilégiés ou hypothécaires de l'héritier qui se seraient inscrits avant lui dans ce délai de six mois ; son inscription a donc un effet rétroactif. Si, au contraire, il laisse passer le délai de six mois sans prendre inscription, il ne perd pas le droit de se faire inscrire, mais cette inscription tardive ne vaut qu'à sa date d'après la maxime *potior tempore potior jure.*

C'est là ce que déclare l'art. 2113.

J'examinerai au chapitre, *des effets de la séparation,* les difficultés auxquelles peut donner lieu l'application de la règle précédente, dans les rapports des créanciers héréditaires entre eux et avec les créanciers de l'héritier. Je renvoie également au chapitre ; *des formes de la séparation,* pour l'examen des détails de forme relatifs à l'inscription de l'art. 2111.

Quelles sont donc les innovations que l'art. 2111 apporte dans la matière de la séparation, telle qu'elle était réglée par les art. 878-881 ? Il conserve l'effet qu'a toujours eu la séparation dans le droit romain et dans l'ancien droit d'être opposable même aux créanciers privilégiés et hypothécaires de l'héritier ; et il subordonne cet effet à une inscription. Mais, quant aux actes de disposition autres que la constitution d'hypothèque, il n'est apporté aucun changement à ce que nous avons dit sur leurs effets à l'égard de la séparation des patrimoines.

Ainsi l'inscription de l'art. 2111 n'a de valeur que dans les rapports des créanciers héréditaires avec les créanciers hypothécaires et privilégiés de l'héritier, et non point à l'égard de ses créanciers chirographaires ; car il ne servirait de rien aux créanciers chirographaires d'opposer aux demandeurs en séparation le défaut d'inscription de leur privilége, car les créanciers séparatistes pourraient au même instant prendre une inscription hypothécaire qui leur assurerait la préférence sur les créanciers chirographaires (1).

B. La loi sur la transcription du 23 mars 1855, et notamment les articles 3 et 6, ne me paraissent pas applicables en cette matière.

Je distingue trois hypothèses.

1° L'inscription a été prise dans les six mois et ce n'est qu'ensuite que l'héritier aliène l'immeuble et fait transcrire l'aliénation. Le créancier héréditaire pourra-t-il opposer à l'acquéreur le défaut de transcription ; celui-ci pourra-t-il payer son prix en sécurité, ou bien devra-t-il craindre que le créancier héréditaire ne refuse ce prix et ne pratique une surenchère ?

(1) Troplong, *Hypoth.*, 1, 325 ; — Merlin, *Répert.*, v° *Sép. des pat.* § 3, VII ; — Dollinger, *loc. cit.*, p. 127.

Il va sans dire que ceux qui voient dans le bénéfice de la séparation un véritable privilége avec droit de suite, donnent au créancier héréditaire le droit d'opposer le défaut de la transcription, aux termes de l'art. 3, comme à tous les tiers ayant acquis des droits réels sur la chose. Toutefois même dans l'opinion contraire on a donné la même solution en se fondant sur ce que le créancier héréditaire qui a pris inscription a par le fait même révélé son droit, et la loi a dû entendre dans l'art. 2111 que l'inscription ainsi prise aurait les effets ordinaires de l'inscription. Je réponds à cela que sans doute l'inscription de l'art. 2111 a révélé le droit du créancier héréditaire; mais elle l'a révélé tel qu'il est, c'est-à-dire comme un simple droit de préférence. Or quels sont les tiers qui peuvent opposer le défaut de transcription? Ce sont ceux qui ont acquis des droits réels sur l'immeuble, et le créancier héréditaire n'a aucun droit réel; l'art. 3 ne lui est donc pas applicable.

Son droit, du reste, ne sera pas éteint ; il subsistera, nous le savons, sur le prix, et lorsqu'il s'agira de le distribuer, le créancier héréditaire se présentera avec son inscription et se fera colloquer avant le créancier hypothécaire.

2° Les six mois se sont écoulés et l'aliénation de l'immeuble héréditaire a été transcrite sans que l'inscription de l'art. 2111 ait été prise. Il sera alors absolument inutile que le créancier héréditaire prenne une inscription ; car de deux

choses l'une : ou il y a des créanciers hypothécaires inscrits, du chef de l'héritier, avant le
créancier héréditaire, et alors l'inscription de
ce dernier ne valant qu'à sa date (2113), il sera
nécessairement primé par les créanciers hypothécaires ; ou il n'y a que des créanciers chirographaires et alors pour venir sur le prix non payé
de l'immeuble, il n'a pas besoin, comme nous
l'avons vu, d'une inscription. Dans tous les cas
l'aliénation transcrite ou non lui est opposable.

3° L'aliénation a été faite et transcrite dans les
six mois ; l'inscription prise par le créancier héréditaire également dans les six mois, mais postérieurement à la transcription, pourra-t-elle lui
permettre de faire valoir ses droits sur le prix de
l'immeuble non payé à l'encontre d'autres créanciers hypothécaires inscrits du chef de l'héritier
avant la transcription? Ici encore les auteurs qui
voient dans la séparation des patrimoines un véritable privilége avec droit de suite soutiennent
que l'art. 6 de la loi du 23 mars 1855 est applicable et que l'inscription de l'art. 2111 ne pourra
être prise utilement. Mais Mourlon (1), qui cependant ne voit dans notre bénéfice qu'un simple
droit de préférence donne la même solution. Voici
quel est son raisonnement : lorsque la transcription est faite, la transmission de la propriété est
parfaite tant au regard des créanciers héredi-
taires que du vendeur et de ses ayant-cause. Or

(1) Traité de la transcription, t. II, §§ 750 et 751.

l'art. 2111 suppose que les biens sont encore dans la main de l'héritier puisqu'ils se réfèrent aux art. 878-881.

Donc il n'y a pas d'inscription possible et partant plus de droit de préférence. Sans doute à l'égard des créanciers chirographaires de l'héritier l'inscription n'est pas nécessaire, mais c'est qu'à leur égard le prix dont il s'agit est un bien mobilier, tandis qu'à l'égard des créanciers hypothécaires de l'héritier, ce prix est la représentation d'un immeuble sur lequel ils sont seuls inscrits ; il leur appartient donc forcément à l'exclusion de tous autres créanciers.

Je ne partage point cette opinion. Sans doute la transcription de l'aliénation a rendu le transfert de la propriété parfait *erga omnes*. Mais encore une fois, je ne me lasse pas de le répéter, ce n'est pas sur le droit de propriété de l'acquéreur que porte notre bénéfice, c'est un simple droit de préférence sur la créance du prix, qui laisse à l'acquéreur la faculté de payer ce prix en toute sécurité. Sans doute l'inscription portera sur l'immeuble, mais avec cette mention qu'elle ne garantit qu'un droit de séparation, mention qui mettra le droit de l'acheteur et son crédit à l'abri de toute atteinte. Quant à l'argument tiré de l'art. 2111, je ferai remarquer qu'il ne vise pas l'art. 880, mais l'art. 878 ; et d'ailleurs dès lors qu'on admet que le droit de séparation se transporte sur la créance du prix de l'immeuble aliéné, et que cette créance constitue un droit immobilier, sur lequel les créanciers hypothécaires du chef de l'héritier, ne passent qu'après les créanciers héréditaires ; pourquoi empêcher ces derniers de prendre inscription lorsqu'ils sont encore dans le délai de six mois? Est-ce à cause de l'art. 6? Mais il est clair que cet article ne s'applique qu'aux véritables priviléges, et n'a d'autre effet que de protéger la propriété transcrite contre les droits qui suivent la chose entre les mains de l'acquéreur. On ne saurait donc opposer cette disposition aux créanciers séparatistes.

En résumé, la loi du 23 mars 1855 n'a eu aucune influence sur la matière de la séparation des patrimoines ; que l'aliénation soit totale ou partielle, que le bail soit de plus ou de moins de 18 ans, peu importe, le défaut de transcription ne pourra être opposé par les créanciers héréditaires.

CHAPITRE V.

FORMES ET CONDITIONS DE LA SÉPARATION.

Je distingue le cas où la succession est acceptée purement et simplement, de celui où elle est acceptée sous bénéfice d'inventaire, et encore du cas où elle est vacante.

§ 1. — *La succession est acceptée purement et simplement.*

A. Comment s'obtient la séparation des patrimoines ; y a-t-il lieu de former une demande en justice ?

Des jurisconsultes très-autorisés soutiennent qu'une demande en justice doit être formée pour faire déclarer la séparation, mais diffèrent sur le point de savoir contre qui la demande doit être formée et pendant combien de temps. Ces divergences indiquent clairement combien ce système présente de difficultés.

Les uns (1) soutiennent que la demande sera valablement formée contre l'héritier. Cette opi-

(1) Zachariæ, Massé et Verger, t. II, p. 331 ; — Delvincourt, t. II, p. 531 ; — Rolland de Villargues, *Rép. du notariat*, v° *Sépar. des patrim.*

nion qui a l'avantage d'être très-commode pour les créanciers du défunt va directement contre le texte de l'art. 878 qui parle d'une demande formée contre les créanciers de l'héritier. Or ceux-ci n'ont point chargé l'héritier de répondre pour eux à cette demande et feraient tomber par la voie de la tierce opposition le jugement où ils auraient été si irrégulièrement représentés.

Les autres (1) plus respectueux du texte, disent : c'est contre les créanciers de l'héritier que devra être formée la demande. Mais cette opinion rencontre dans la pratique des difficultés presque insurmontables. Les créanciers de l'héritier se garderont bien de se présenter pour répondre en masse à cette demande; les créanciers héréditaires seront obligés d'actionner individuellement chaque créancier de l'héritier; de là des frais énormes qui diminuent d'autant le gage des créanciers séparatistes. De plus il est très-possible que les créanciers de l'héritier ne soient pas connus. MM. Aubry et Rau répondent à cette objection que « l'exercice de l'action en » séparation des patrimoines contre les créan- » ciers de l'héritier n'étant quant aux immeubles » soumis à aucun délai fatal, les créanciers de » l'hérédité se trouveront toujours en temps utile » pour l'introduire lorsque les créanciers de » l'héritier se feront connaître et demanderont

_____

(1) MM. Aubry et Rau, t. V, pp. 212 et 213, Duvergier sur Toullier, t. II, n° 539.

» à être colloqués sur le prix des immeubles hé-
» réditaires. Quant aux meubles, l'action en sé-
» paration des patrimoines est, il est vrai, non
» recevable après trois ans; mais il est peu proba-
» ble que les créanciers de l'héritier demeurent
» inconnus pendant tout ce temps; et, si par
» extraordinaire, il devait en être ainsi, les
» créanciers du défunt se trouveraient relevés de
» toute déchéance, en vertu de la règle : *contra agere*
» *non valentem non currit exceptio.* » Ce raisonnement ne détruit pas l'objection faite : d'abord à
l'égard des immeubles, le créancier du défunt
n'en sera pas moins obligé d'attendre qu'il plaise
aux créanciers hypothécaires de l'héritier de se
montrer et de faire vendre l'immeuble héréditaire, ce qu'ils pourront ne pas faire, soit par un
accord tacite avec l'héritier, soit parce que leur
créance n'est pas exigible, comme si, par
exemple, il s'agit d'un mineur ou d'une femme
mariée ayant hypothèque légale sur les biens de
l'héritier, la tutelle et le mariage n'étant pas
encore terminés : ensuite, pour ce qui est des
meubles, en attendant que les créanciers de
l'héritier se présentent, celui-ci peut diminuer
le gage des créanciers séparatistes par ses aliénations, la confusion peut se faire, ou même la
prescription s'accomplir. Car, pour ce qui est de
la règle *contra non valentem agere non currit*
præscriptio, le Code ne l'a consacrée nulle part.
Et d'ailleurs le délai de l'art. 880 est prescrit
pour une matière toute spéciale et il n'est pas

certain que les règles de la prescription lui soient toutes applicables.

Enfin dans une troisième opinion (1) mixte, la séparation sera intentée contre l'héritier, si ses créanciers ne sont pas connus, et contre les créanciers de l'héritier, s'ils sont connus. Cette distinction ne repose sur aucune base juridique, et d'ailleurs les objections faites à la première opinion lui sont également opposables.

Quant au temps pendant lequel cette demande en séparation devrait être faite, Merlin (2) soutient qu'aux termes de l'art. 2111 elle doit être formée dans les six mois de l'ouverture de la succession. Il s'appuie pour cela sur un amendement proposé dans le sein du Conseil d'Etat à l'effet de faire ajouter les mots « qui deman-
» dent la séparation des patrimoines conformé-
» ment à l'art. 878. »

« Cet amendement, dit-il, ne pouvait avoir
» d'autre but que de limiter aux créanciers, qui
» demanderaient la séparation, la faculté de
» s'inscrire sur les immeubles de la succession,
» à l'effet de conserver le privilége de cette sépa-
» ration et par suite d'exclure de cette faculté
» ceux qui dans les six mois de l'ouverture de la
» sucession n'auraient pas formé leur demande
» en séparation. » Il y a lieu de contester très-fortement l'autorité que Merlin donne à cette délibération du Conseil d'Etat ; l'adoption de cet

(1) Dufresne, *loc. cit.*, nos 6 et 35.
(2) Merlin, *Quest.*, v° *Sép. des patr.*, § 2. 5°.

amendement a eu lieu sans aucune discussion, et il est très-probable qu'il ne s'agissait ici que de corriger une imperfection de rédaction, afin de mieux marquer la relation de l'art. 2111 avec les articles du titre des successions, comme l'attestent les expressions, « conformément à l'art. 878. »

Toutes ces divergences nous montrent combien l'exigence d'une demande en justice présenterait de difficultés. D'où vient donc cette expression *demander la séparation?* Elle ne peut s'expliquer qu'historiquement.

Nous avons vu dans l'ancien droit, sur le témoignage d'Argou, de Basnage et de Lebrun, que l'usage des lettres de chancellerie était tombé en désuétude, qu'aucune formalité n'était requise et que la séparation était de plein droit. Cependant les mots *demander la séparation* sont restés dans la langue juridique, comme tant d'autres dont l'ancienne portée a disparu, et l'on dit demander la séparation, comme on dirait invoquer la séparation.

Remarquons enfin que si le législateur avait consacré la nécessité d'une demande en justice, il aurait organisé quelque part une marche à suivre, soit dans le Code civil, soit dans le Code de procédure, comme il l'a fait pour le bénéfice d'inventaire; or nulle part on ne trouve une semblable procédure.

Je pense donc que la séparation des patrimoines existe de plein droit, et qu'une demande n'est pas nécessaire pour obtenir ce bénéfice.

On objecte qu'alors la séparation des patrimoine n'aura aucune publicité, et que les créanciers de l'héritier n'en seront pas avertis. Mais, à l'égard des immeubles, la publicité organisée par l'art. 2111 n'est-elle pas suffisante? Et, quant aux meubles, les créanciers de l'héritier ne seront-ils pas avertis par les mesures conservatoires qui peuvent être prises par les créanciers du défunt : apposition des scellés, inventaire, saisie-arrêt? D'ailleurs il en sera de la séparation comme des autres causes de préférence sur les meubles, les immeubles mentionnées en l'art. 2101 qui s'exercent dans les ordres ou dans les distributions par contribution, par la réclamation qu'en fait le créancier qui se prétend privilégié (art. 656, 661, 763 et suiv. Code de proc.).

Sans doute il pourra y avoir lieu de faire déclarer la séparation en justice, si le bénéfice était contesté par les créanciers de l'héritier, qui invoqueraient, par exemple, une cause de déchéance. Mais cette demande et le jugement qui la suivra ne donneront pas naissance au droit de séparation ; ils auront seulement pour effet de maintenir et de valider la séparation préexistante.

B. Je passe maintenant aux formes conservatrices du droit de séparation.

Pour ce qui est des meubles de la succession, je n'ai rien à ajouter aux développements déjà donnés sur les mesures que peut prendre le créancier du défunt, apposition des scellés, confection d'un inventaire, saisie-arrêt.

Quant aux immeubles, je reviens, au point de vue de la forme, sur les dispositions de l'art. 2111.

La forme de l'inscription que doivent prendre les créanciers héréditaires est régie par les articles 2146, 2148 et 2149. Elle devra donc être prise au bureau de la conservation des hypothèques dans le ressort duquel se trouvent situés les immeubles héréditaires objet de la poursuite.

Devra-t-elle contenir toutes les énonciations contenues dans l'art. 2148? Je le pense, sauf pourtant ce qu'exige le 3° de l'article, *la date et la nature du titre;* car le créancier héréditaire peut très-bien n'avoir pas de titre écrit. Par la même raison on devra dispenser le créancier de la présentation de l'original en brevet ou d'une expédition authentique du jugement ou de l'acte qui donne naissance au privilége et à l'hypothèque.

Il faudra admettre les créanciers porteurs d'actes sous seing privé, et les légataires gratifiés par un testament olographe ou mystique à présenter leurs titres et à prendre inscription *de plano.* Ces solutions ont été contestées. MM. Duranton (1), Dufresne (2), dans ce dernier cas, exigent un jugement en reconnaissance d'écri-

(1) T. VII, n° 492.
(2) Loc. cit., n° 69.

ture rendu contre l'héritier ; et lorsque le créancier n'a aucun titre, une ordonnance du président délivrée sur requête. — Mais à quoi servirait toute cette procédure ? A faire supporter à la succession de nouveaux frais qui diminueront naturellement le gage des créanciers héréditaires ; elle sera surtout complétement inutile si l'héritier ne songe pas à dénier le titre présenté ; enfin elle ne sera pas à la portée des créanciers, dont la dette n'est pas exigible, puisqu'en vertu de la loi du 3 septembre 1807, les créanciers purs et simples seuls peuvent prendre inscription en vertu d'un jugement. D'ailleurs nous avons vu que tous les créanciers du défunt pouvaient demander la séparation des patrimoines ; or, qui veut la fin veut les moyens. Et surtout ce qu'il ne faut pas perdre de vue, c'est que l'inscription de l'art. 2116 n'est qu'un acte conservatoire, ne préjugeant rien de la validité de l'obligation principale et n'empêchant pas les contestations de la créance lors de la production aux ordres (1).

L'inscription doit être spéciale et n'est valable que relativement aux immeubles qui s'y trouvent déterminés par leur nature et leur situation. L'art. 2148 se trouve à cet égard corroboré par l'art. 2111 qui dit *par les inscriptions faites sur chacun des immeubles.*

(3) Dollinger, loc. cit., p. 121, et Barafort, loc. cit., nos 214 et 215,

§ 2. — *La succession est acceptée sous bénéfice d'inventaire.*

La séparation des patrimoines existe-t-elle de plein droit lorsque la succession est acceptée sous bénéfice d'inventaire, et les créanciers du défunt peuvent-ils avoir intérêt à l'invoquer?

Cette question a soulevé une vive controverse: quatre systèmes se sont produits.

A. Un premier système refuse au bénéfice d'inventaire les effets de la séparation des patrimoines, non-seulement lorsque le bénéfice d'inventaire a pris fin par la renonciation ou la déchéance de l'héritier, mais encore pendant la durée de ce régime. Ce système, celui de MM. Delvincourt (1) et Duranton (2), est à peu près abandonné aujourd'hui. On ne peut nier que le bénéfice d'inventaire n'empêche la confusion produite par la transmission héréditaire, ni que, par une série de dispositions (art. 802, 803, 807, 808), le législateur n'ait assujetti l'héritier à respecter et à sauvegarder le gage des créanciers du défunt. Qu'est-ce donc cela, si ce n'est une séparation des patrimoines complète?

B. Un deuxième système soutient que le bénéfice d'inventaire comprend bien, pendant sa durée, certains effets du bénéfice d'inventaire, mais pas tous, et qu'après sa dissolution il n'en

(1) T. II, p. 33, note 2.
(2) T. VII, n° 47, et t. XIX, n° 218.

résulte au profit des créanciers du défunt aucun droit acquis à la séparation. Ce système est celui de M. Demolombe ; je n'en contesterai que la première proposition, à savoir que tous les effets de la séparation ne sont pas produits par le bénéfice d'inventaire ; mais, comme M. Demolombe (1) entend par là que le bénéfice d'inventaire ne produit pas le droit de suite, comme notre bénéfice, je me borne à rappeler ce qui a été dit sur le droit de suite, que je n'admets dans aucun de ces deux bénéfices.

III. Le bénéfice d'inventaire produit la séparation des patrimoines de plein droit ; et s'il vient à prendre fin par la déchéance de l'héritier, les créanciers conserveront le bénéfice de la séparation comme un droit acquis. L'inscription de l'art. 2111 n'est donc pas requise, en cas de bénéfice d'inventaire. Cette opinion se fonde sur les arguments suivants.

1° L'art. 2111 n'assujettit à l'inscription que *ceux qui demandent la séparation* et non pas ceux pour lesquels elle résulte du bénéfice d'inventaire ;

2° L'héritier ne saurait priver par son fait les créanciers héréditaires d'un droit acquis résultant pour eux de son acceptation bénéficiaire ;

3° La déchéance prononcée par les art. 792 et 801 (Code Nap.), 988 et 989 (Code proc.) dans l'intérêt exclusif des créanciers héréditaires con-

<hr>

(1) Succ., t. III, n° 172.

stitue une peine dont l'héritier ne saurait se prévaloir; *à peine contre l'héritier d'être réputé pur et simple*, dit l'art. 989, C. pr. La jurisprudence est presque unanime en faveur de ce dernier système (1).

D. Enfin, dans un 4ᵉ système, le bénéfice d'inventaire emporte bien la séparation des patrimoines; mais celle-ci disparaît lorsque le bénéfice d'inventaire prend fin par la déchéance ou la renonciation de l'héritier (2). C'est à ce système que je me rallie :

1° Le bénéfice d'inventaire contient en lui-même la séparation des patrimoines, on ne saurait en douter. Mais cette séparation n'est pas la même que celle qui est organisée par les art. 878-881; elle est plus énergique et se rapproche davantage du système romain, l'héritier est dessaisi de l'administration des biens héréditaires; il est vrai qu'il reste toujours héritier et peut aliéner un bien de la succession, mais ce pouvoir est incompatible avec le bénéfice d'inventaire, et l'usage qu'il en ferait entraînerait l'acceptation pure et simple. Les deux patrimoines sont si bien séparés que les créanciers du défunt ne peuvent plus agir sur les biens personnels de l'héritier, même les créanciers de ce dernier

---

(1) Voy. notamment Cass. 25 août 1858, Sir. 59, I, 65 et 7 août 1860, Sir. 61, I, 257; — Aubry et Rau, t. V, p. 235 et 237: — Duvergier sur Toullier, t. II, n° 539, note 4.

(2) Marcadé, 881, n° 7; — Pont. Priv. et hyp., art. 2111, n° 3; — Dollinger, loc. cit., n° 49.

étant pleinement désintéressés; nous verrons plus bas qu'il en est autrement de la séparation des patrimoines des art. 878-881. Or si l'on décide que les créanciers héréditaires ont un droit acquis à la séparation, ce ne pourra être qu'à la séparation telle qu'elle est établie par le bénéfice d'inventaire; en sorte que, malgré la déchéance de l'héritier ou sa renonciation, les créanciers héréditaires continueront à n'avoir aucun recours sur les biens propres de l'héritier, et alors autant dire que le bénéfice d'inventaire lui-même subsiste.

2° La vérité est que le bénéfice d'inventaire et la séparation des patrimoines sont deux bénéfices entièrement différents. De tout temps et dès leur origine ces deux bénéfices ont été distincts et indépendants. L'un est introduit dans l'intérêt de l'héritier, l'autre dans l'intérêt des créanciers héréditaires. On dit que le bénéfice d'inventaire établit un droit acquis à la séparation des patrimoines en faveur de ces créanciers; c'est là une pure affirmation. C'est dans le seul intérêt de l'héritier et sur sa demande que le bénéfice d'inventaire a toujours été accordé en droit romain, comme dans l'ancienne jurisprudence; et tous nos anciens auteurs admettaient en conséquence qu'il pouvait y renoncer (1). Ce n'est qu'acces-

---

(1) Basnage, sur l'art. 91 de la *Cout. de Normandie*; — Davot, liv. III, tr. V, ch. XIX, n° 24; — Montvalon, *des successions*, ch. IV art. 8; — Merlin, *Répert. de jurispr.*, t. IV. addit. v° *Bénéf. d'inv*, n° 25.

soirement et par voie de conséquence que le patrimoine de l'héritier étant séparé de la succession, les biens héréditaires ont été également réservés aux créanciers héréditaires. Comment dès lors ces derniers auraient-ils pu tirer un droit acquis d'un acte de l'héritier auquel ils n'ont point participé, d'une demande sur laquelle il est libre de revenir, enfin d'un bénéfice qui n'a pas été introduit pour eux, mais contre eux? Ce bénéfice n'existant plus, tombe tout entier avec tout ce qu'il contenait. Pour bien faire comprendre ma pensée, je suppose qu'on soit appelé à statuer sur la situation inverse. Des créanciers ont invoqué la séparation et pris l'inscription de l'art. 2111; puis ils reconnaissent qu'ils ont avantage à venir au marc le franc avec les créanciers personnels de l'héritier sur les deux patrimoines confondus et que la séparation des patrimoines ne leur est point profitable. Ils renoncent donc à profiter de leur inscription dans la procédure de l'ordre ou de la distribution par contribution, et se présentent ensuite sur les biens personnels de l'héritier avec les créanciers de celui-ci. L'héritier pourra-t-il dire, si ce concours lui est désavantageux, par exemple, parce qu'il est commerçant et tient à donner un fort dividende à des créanciers personnels pour obtenir d'eux un concordat, pourra t-il dire : j'ai un droit acquis à la séparation que vous avez invoquée et vous ne pouvez venir sur mes biens personnels que lorsque mes créanciers seront désintéressés? Il ne me paraît pas douteux que les créanciers du défunt lui répondront : cette séparation n'a été accordée que dans notre intérêt, il nous plaît d'y renoncer, quel droit acquis pouvez-vous avoir?

C'est exactement le même langage que je mets ici dans la bouche de l'héritier renonçant au bénéfice d'inventaire.

3° L'art. 2111 soumet bien, en effet, à la nécessité de l'inscription les créanciers *qui demandent la séparation des patrimoines*, et il ne pouvait parler un autre langage. Il sera d'ailleurs parfaitement applicable aux créanciers d'une succession acceptée sous bénéfice d'inventaire; car ceux-ci demanderont bien la séparation, ils la demanderont éventuellement pour le cas où la succession serait postérieurement acceptée purement et simplement. Ils agiront même très-sagement en prenant cette inscription, malgré le bénéfice d'inventaire, pour ne pas laisser périmer le délai de six mois. Je trouve dans un arrêt (1) l'objection suivante « qu'on ne saurait » reprocher aux créanciers héréditaires de n'avoir » pas pris l'inscription prescrite par l'art. 2111, » puisque cette inscription est interdite par » l'art. 2146. »

Il ne me paraît pas douteux que l'art. 2146 n'a jamais eu pour but d'édicter une pareille prohibition. Il dit: *il en est de même entre les créanciers*

<hr>

(1) Caen, 21 nov. 1855 et Cass. 3 août 1857, Sir. 4. 284.

d'une succession ..., c'est-à-dire que les créanciers de la succession bénéficiaire ne pourraient prendre des inscriptions, qu'ils s'opposeraient ensuite les uns aux autres : or l'inscription de l'art. 2111, ne serait opposable qu'aux créanciers de l'héritier, ce qui est tout différent.

4° On a objecté encore que l'héritier ne pouvait se prévaloir de la déchéance qui avait été prononcée contre lui à titre de peine par les art. 792 et 801 Code civ., 988 et 989, Code proc. La réponse est facile, le législateur n'a pu prévoir que le cas où la perte du bénéfice d'inventaire était une peine pour l'héritier et où les créanciers héréditaires ont intérêt à maintenir le bénéfice d'inventaire, mais pas celui où cette déchéance lui serait avantageuse, car il lui suffit alors de revenir sur cette acceptation bénéficiaire et d'accepter purement et simplement.

Je passe à une autre question.

L'acceptation bénéficiaire par un héritier opère-t-elle de plein droit, la séparation des patrimoines, non seulement à l'égard de celui qui a accepté bénéficiairement, mais encore à l'égard de ceux de ses cohéritiers qui ont accepté purement et simplement?

MM. Aubry et Rau (1) soutiennent que les cohéritiers étant saisis de la succession jusqu'au partage d'une manière indivisible, l'acceptation bénéficiaire de l'une d'elles doit produire son

(1) T. V, p. 236, note 61; — dans le même sens; Cass. 11 déc. 1854, Sir. 55, 1, 277, et Cass. 23 août 1858, Sir. 59, 1, 65.

effet sur la totalité de l'hérédité, et empêcher,
tant que celle-ci demeure indivise, toute confusion des parts idéales revenant aux héritiers purs
et simples avec les patrimoines de ces derniers.
MM. Aubry et Rau, ainsi que le dernier arrêt cité
en note, ne donnent cet effet collectif à la séparation que jusqu'au partage et tant que dure
l'indivision.

Je ne m'explique pas cette théorie : il y a indivision, c'est vrai, mais pas indivisibilité dans la
saisine de chacun des héritiers; chacun d'eux peut
prendre un parti différent, chacun d'eux est appelé
à une part indivise dans l'actif et le passif, mais
déterminée (art. 724, 873, 875 et 1220). Dès
lors pourquoi ne s'opérerait-il pas une confusion
de droit entre cette part de la succession et le
patrimoine de ceux qui ont accepté purement et
simplement? On objecte l'indivisibilité de la saisine; mais il faudra alors aller jusqu'à dire que
le bénéfice d'inventaire fait obstacle à la division
des dettes jusqu'au partage et autoriser un créancier à poursuivre avant le partage chaque héritier
pour le tout. On est bien forcé de reculer devant
une telle conséquence.

Parlera-t-on, comme un arrêt de la Cour de
Caen (1), de l'indivisibilité du bénéfice d'inventaire?

Mais alors il faudra contraindre ceux des héritiers qui ont accepté purement et simplement

____

(1) 12 nov. 1855, Sir. 59, 1, 65.

à fournir caution, et à observer toutes les autres conditions du bénéfice d'inventaire. Le dernier arrêt précité de la Cour de cassation objecte que l'inventaire est dressé pour toute la succession. Mais l'inventaire ne suffit pas pour l'acceptation bénéficiaire, il faudrait en outre une déclaration dans ce sens de tous les cohéritiers au greffe.

En résumé je vois bien une indivision empêchant la confusion de fait, mais pas une indivisibilité empêchant la confusion de droit des deux patrimoines.

§ 3. — *La succession est vacante.*

La séparation aura également lieu de plein droit comme sous le bénéfice d'inventaire.

Les créanciers n'en auront pas moins intérêt à observer les formalités de l'art. 2111.

Le délai de six mois courra néanmoins de l'ouverture de la succession.

CHAPITRE VI.

EFFETS DE LA SÉPARATION DES PATRIMOINES.

Je divise ce chapitre en trois paragraphes correspondants au triple point de vue sous lequel notre bénéfice peut être envisagé, soit dans les rapports des créanciers du défunt avec l'héritier, soit dans les rapports des créanciers du défunt entre eux, soit enfin dans les rapports des créanciers du défunt avec les créanciers de l'héritier.

§ 1. — *Effets de la séparation à l'égard de l'héritier.*

La séparation des patrimoines, on le sait, n'est pas dirigée contre l'héritier; elle ne fait pas disparaître à son égard les effets de la saisine. Il a toujours le droit de disposer des objets héréditaires, et reste tenu personnellement vis-à-vis des créanciers héréditaires. Mais s'il y a plusieurs héritiers, comment l'action sera-t-elle intentée contre eux? Faut-il dire que la séparation fait obstacle à la division des dettes, et que le créancier du défunt peut se faire payer pour le total de sa créance sur chacun des biens appartenant à chacun des héritiers, lors même que ce mode de procéder mettrait à la charge du cohéritier une portion de dettes supérieure à sa part virile? Presque tous les auteurs qui considèrent la séparation des patrimoines comme un véritable privilége avec droit de suite, se prononcent également pour l'effet indivisible (1). Je laisse de côté les arguments qui ont déjà été présentés en faveur du droit de suite et je passe aux autres :

1° La séparation des patrimoines implique pour les créanciers héréditaires l'idée d'un droit de gage; or, aux termes de l'art. 2083, le gage est indivisible (2). — Il est facile de répondre que le gage des créanciers héréditaires est celui de l'art. 2092, conséquence de cette idée « *qui s'oblige, oblige le sien,* » gage imparfait qui n'est pas celui à l'égard duquel dispose l'art. 2083.

2° La division des dettes ne peut exister; car elle n'est qu'une conséquence de la transmission héréditaire. Or, précisément, la séparation des patrimoines a pour base la négation de cette transmission même. — Encore une fois, la séparation laisse subsister la saisine de l'héritier; c'est contre ses créanciers personnels seulement qu'elle est dirigée.

3° L'indivisibilité est nécessaire pour que le but de la séparation soit atteint. Car si de deux cohéritiers l'un prend le mobilier, qu'il s'em-

(1) M. Demolombe, t. V, n° 211, combat cependant l'indivisibilité tout en admettant le droit de suite.
(2) M. Dufresne, *loc. cit.*, 44 *bis.*

presse de soustraire à l'action des créanciers héréditaires, et l'autre les immeubles, il faut au moins que l'action sur ces immeubles puisse porter pour le tout. — Je répète que la séparation des patrimoines n'a été introduite que pour parer au préjudice que causerait la confusion des patrimoines et non pour obvier à l'inconvénient qui résulterait de la division des dettes et du partage des biens du défunt.

Enfin, et c'est là mon argument principal, les art. 873 et 1220 ont posé le principe de la division des dettes de la façon la plus large. Il existe dans le cas de bénéfice d'inventaire, il doit exister également au cas de séparation des patrimoines ; car aucun texte ne fait mention d'une dérogation en pareil cas. Et quand même on considérerait la séparation comme un véritable privilége, la division des dettes n'en persisterait pas moins ; car ce privilége naissant après la mort du débiteur, au moment où la dette se divise de plein droit entre les héritiers, n'a jamais affecté la créance privilégiée entière ; mais il s'est divisé dès le principe en autant de priviléges distincts qu'il y a de dettes distinctes.

Un arrêt de la Cour de cassation du 9 juin 1857 a consacré cette doctrine qui depuis a été adoptée par plusieurs autres arrêts de Cour (1). Les motifs de la Cour suprême sont précieux à transcrire ici :

(1) Rennes, 14 janv. 58, Dall. 58, II, 54 ; Limoges, 16 juin 1860, Dall. 1861, II, 61.

« Vu les art. 870, 873, 878 et 883 du Code
» Nap., — Attendu que des dispositions com-
» binées de ces articles, il résulte, d'une part,
» que les héritiers sont saisis instantanément
» et de plein droit des biens de la succession par
» l'événement même du décès de leur auteur, et,
» d'autre part, que les dettes de la succession
» se divisent aussi entre eux de plein droit, de
» manière que chacun d'eux n'en est tenu dès
» lors que pour sa part et proportionnellement
» à ce qu'il prend dans la succession ; — Attendu
» que le principe de la division des dettes, lors-
» que la nature de celles-ci ne les soumet pas à
» l'indivision, ne reçoit pas d'exception au cas
» de la séparation des patrimoines prévue et
» reglée par les art. 878 et 2111 du Code Nap.;
» — que si cette séparation a pour effet de con-
» server aux créanciers du défunt l'intégralité de
» leurs droits sur les biens composant son héré-
» dité par préférence aux créanciers des héritiers,
» il ne suit pas de là que la nature de la créance
» soit changée, ni que l'action des créanciers du
» défunt conservée jusqu'à l'entier payement de
» leurs droits sur toute l'hérédité puisse néan-
» moins être exercée de telle façon contre l'un
» des héritiers qu'elle l'oblige et le contraigne au-
» delà de sa part virile dans les dettes ; — que
» loin de là cette part déterminée par l'effet de
» la saisine légale au moment du décès de son
» auteur, d'après un rapport exactement pro-
» portionnel avec les liens de la succession qui

» lui sont échus, règle dès lors et sans retour
» la mesure de ses obligations vis-à-vis des créan-
» ciers du défunt, et réciproquement l'étendue
» des droits de ceux-ci à son égard.......... »

§ 2. — *Des effets de la séparation des patrimoi-*
nes à l'égard des créanciers et légataires du
défunt dans leurs rapports respectifs.

Le principe qui sert à déterminer les effets
de notre bénéfice à ce point de vue est celui-ci :
la séparation est essentiellement dirigée contre les
créanciers de l'héritier, elle ne peut apporter au-
cune modification avantageuse ou désavanta-
geuse à la condition respective des créanciers chi-
rographaires ou privilégiés du défunt.

D'où la conséquence suivante : si un créancier
héréditaire prend inscription dans le délai de six
mois, et qu'un autre ne le fasse qu'après ce délai,
ils n'en viendront pas moins au marc le franc,
s'ils ne sont en présence que de créanciers chirographaires de l'héritier.

Cette solution a été contestée par plusieurs
auteurs (1) qui soutiennent que le créancier diligent doit passer avant le créancier négligent en
se fondant sur les considérations suivantes :

1° La séparation, dit-on, est un bénéfice individuel qui ne saurait protéger que ceux qui ont

(1) Blondeau, *loc. cit.*, p. 481-500 ; et Hureaux, *Etudes sur le Code*
civil ; Sép. des patr., n°ˢ 150 et suiv.

conservé leur droit. — Je réponds que si le bénéfice est individuel, c'est en ce sens qu'il ne pourrait être invoqué contre les créanciers de l'héritier que par ceux qui l'ont conservé ; mais non
pas en ce sens qu'il pourrait établir des causes
de préférence entre les divers créanciers du défunt dont le législateur a simplement voulu conserver le gage.

2° Les art. 878 et 2111, poursuit-on, dirigent
contre les créanciers de l'héritier la séparation
des patrimoines, or les créanciers héréditaires
négligents deviennent des créanciers de l'héritier qui d'ailleurs est toujours resté personnellement obligé. — Je réponds que la séparation des
patrimoines sans doute ne fait pas disparaître
l'obligation personnelle de l'héritier ; mais dans
les rapports des créanciers du défunt et des siens,
contre lesquels elle est exclusivement dirigée,
elle suspend les effets de cette obligation.

Quant à la négligence du créancier de l'héritier, elle ne suffit pas à le classer parmi les
créanciers de l'héritier, elle le rend moins préférable vis-à-vis de ceux-ci ; mais l'art. 2113 lui
conserve cependant son privilége, bien que dans
une moindre mesure.

3° L'art. 2146, dit-on, décide qu'au cas de bénéfice d'inventaire, les créanciers de la succession ne peuvent plus prendre d'inscriptions qui
modifieraient leur situation respective ; donc, *a
contrario*, lorsque la succession est acceptée purement et simplement, ces inscriptions leur sont

permises et des causes de préférence peuvent se produire entre eux.

— Je ne nie pas qu'après le décès, lorsque la succession n'est pas bénéficiaire, les créanciers héréditaires puissent faire inscrire les priviléges et hypothèques qui proviennent du vivant du *de cujus* (2149). Mais, quant à la question de savoir si l'inscription prise par l'art. 2111 est opposable aux créanciers, il n'y a aucun argument à tirer de l'art. 2146.

4° Enfin on oppose la fameuse maxime, *si vinco vincentem te a fortiori te vincam.*

On soutient qu'un créancier héréditaire diligent primant un créancier hypothécaire de l'héritier inscrit dans les six mois, et que ledit créancier hypothécaire primant le créancier héréditaire négligent, ce dernier doit être nécessairement primé par son cocréancier diligent. Je reviendrai tout à l'heure sur cette complication. Mais, pour écarter l'application de la maxime précitée, je ferai remarquer d'abord qu'elle suppose un triple conflit, tandis qu'ici il n'y a qu'un conflit simple, celui des créanciers héréditaires entre eux ; or, quand même il se présenterait un concours de circonstances qui dût forcément entraver l'égalité établie par la loi entre les créanciers héréditaires, on ne voit pas pourquoi on en repousserait l'application dans les cas où elle est possible.

Tout ce qui vient d'être dit pour les créanciers héréditaires s'applique également aux légataires.

Dans les rapports de ces deux classes d'intéressés, on appliquera la maxime *nemo liberalis nisi liberatus*; et les légataires ne pourront venir sur les biens héréditaires qu'après le désintéressement des créanciers.

Mais on a vu que pour cela (1), la séparation des patrimoines était indispensable; car, si la confusion se produit, les légataires devenant les créanciers personnels de l'héritier par l'effet de son acceptation, seront payés au marc le franc sur les deux patrimoines confondus.

Enfin supposons qu'un légataire prenne l'inscription de l'art. 2111 dans le délai de six mois et qu'un créancier héréditaire ne la prenne que plus tard, puisque de deux créanciers l'un diligent, l'autre négligent, ce dernier n'en viendra pas moins au marc le franc avec le premier, puisque de deux légataires, l'un diligent, l'autre négligent, ce dernier ne sera pas primé par le légataire diligent, à plus forte raison le créancier négligent ne sera-t-il pas primé par le légataire qui a pris son inscription dans le délai de l'art. 2111.

§ 3. — *Des effets de la séparation entre les créanciers du défunt et ceux de l'héritier.*

Si tous les créanciers héréditaires ont pris leur inscription dans le délai de six mois, ou même

---

(1) *Supra*, ch. II, B, p. 123.

s'ils n'ont pas tous pris cette inscription, mais que tous les créanciers de l'héritier soient chirographaires, le payement des dettes se fera sans difficulté. Les créanciers héréditaires seront payés d'abord sur les lieus de la succession, les légataires ensuite et, s'il reste quelque chose, l'excédant appartiendra aux créanciers de l'héritier.

Mais c'est une question très-controversée de savoir comment régler la contribution, lorsque sur un immeuble héréditaire se présentent, d'abord des créanciers héréditaires inscrits dans les six mois, des créanciers héréditaires négligents inscrits après ce délai, et des créanciers hypothécaires de l'héritier inscrits avant ces derniers. Ce conflit doit être réglé par les principes suivants.

A. C'est contre les créanciers de l'héritier qu'est dirigé l'effet de la séparation.

B. Le bénéfice de la séparation étant individuel, chacun ne peut demander la séparation que pour soi.

C. Les créanciers héréditaires ne doivent pas profiter de la négligence de leurs cocréanciers; mais elle ne doit pas leur nuire.

D. Les art. 2111 et 2113 ayant pour but de protéger les créanciers hypothécaires de l'héritier contre le défaut de publicité de la séparation, c'est eux qui doivent profiter de la négligence des créanciers héréditaires.

J'examine maintenant les trois systèmes qui ont été présentés sur cette difficulté.

I. — Dans un premier système (1), qui s'appuie sur la maxime *si vinco vincentem te a fortiori te vincam*, on raisonne ainsi : puisque le créancier héréditaire diligent l'emporte sur le créancier hypothécaire de l'héritier, et que le créancier hypothécaire de l'héritier l'emporte sur le créancier héréditaire négligent, ce dernier sera nécessairement primé, par le créancier diligent qui sera d'abord entièrement désintéressé ; le créancier hypothécaire de l'héritier viendra ensuite, et ce qui restera sera attribué au créancier négligent. Soit un immeuble héréditaire valant 30,000 fr.; Primus, créancier héréditaire diligent, s'est inscrit pour 20.000 fr. ; Secundus, créancier hypothécaire de l'héritier s'est inscrit pour 20,000 fr. ; et Tertius, créancier héréditaire négligent, s'est inscrit, à une date postérieure à l'hypothèque de Secundus, pour 20,000 fr.

Primus dans ce système prendra 20,000 fr., Secundus ce qui restera, c'est-à-dire 10,000 fr., et Tertius n'aura rien.

J'objecte à ce premier système qu'il porte atteinte à la règle que Primus ne doit pas profiter de la négligence de Tertius, parce qu'entre eux le bénéfice de la séparation n'est pas opposable. Quant à la maxime *si vinco vincentem te a fortiori te vincam*, elle ne doit avoir aucune applica-

(1) Dalloz, *Jurisprud. génér.*, v° *Succession*, p. 466, n° 29, et Delvincourt, t. II, p. 179.

tion en cette matière. La démonstration en a été très-ingénieusement faite par M. Dollinger (1). Cet auteur rappelle qu'il était reconnu déjà par les anciens commentateurs que cette maxime ne devait jamais s'appliquer que lorsque le conflit était le même entre *Primus* et *Secundus* qu'entre *Secundus* et *Tertius* : *Si eadem ratio Primi et Secundi vincendi.* Cujas pour le faire mieux comprendre rappelait que pour répondre au sophisme posé par Androcide à Alexandre, « *si vi-* » *num ciculæ venenum est et cicuta homini, et* » *multo magis vinum homini venenum est,* » il fallait dire « *non eadem vi et eademve facultate* » *agit vinum in cicutam quam cicuta in homi-* » *nem.* » Or la cause de préférence qui fait passer le créancier héréditaire diligent avant le créancier hypothécaire de l'héritier existe-t-elle également entre les deux créanciers du défunt l'un diligent, l'autre négligent ? En aucune façon : la cause de préférence de Primus sur Secundus, c'est la séparation des deux patrimoines rendue publique aux termes de l'art. 2111 ; tandis qu'entre Primus et Tertius, qui sont créanciers du même patrimoine et qui ont le même gage, cette cause de préférence n'existe pas ; il ne pourrait être question que d'une différence de dates dans l'inscription et on sait qu'elle n'a aucune influence dans les rapports des créanciers héréditaires entre eux.

(1) *Loc. cit.*, p. 150.

II. — Dans un deuxième système (1), on re-pousse l'idée *si vinco vincentem te,....* ; et sous le prétexte que le créancier hypothécaire de l'héri-tier n'a pu compter que sur ce qui dépassait le montant de l'inscription prise dans les six mois, mais que le créancier diligent ne peut compter que sur le dividende qu'il aurait eu si son co-créancier avait été également diligent, on calcule de la façon suivante :

Primus ayant pris inscription pour 20,000 fr., Secundus ne pourra avoir que 10,000 fr. restant sur le prix de l'immeuble qui est de 30,000 fr. ; mais Primus ne pourra garder les 20,000 fr., car si Tertius avait été diligent, chacun d'eux aurait eu 15,000 fr. ; Primus donnera donc 5,000 fr. à Tertius. Ainsi :

A Primus, créancier diligent. . .   15,000 fr.

A Secundus, créancier hypothé-caire de l'héritier.   10,000

A Tertius, créancier négligent. .   <u>5,000</u>

Prix de l'immeuble héréditaire. .   30,000

Ce système doit être repoussé, parce qu'il mé-connaît l'effet individuel de la séparation, en fai-sant bénéficier Tertius de l'inscription prise par Primus.

III. — Enfin, dans un troisième système, que je crois le vrai, on raisonne ainsi : Primus vala-blement inscrit n'a pu cependant compter que sur ce qu'il aurait eu si Tertius avait été diligent,

(1) MM. Duranton, VII, 478 et XIX, 27 ; — Mourlon, t. III, p. 576.

c'est-à-dire sur 15,000 ; Secundus créancier hypothécaire peut seul profiter de la négligence de Tertius, il prend donc 15,000 ; et Tertius ne vient pas en ordre utile, car il ne peut être protégé par l'inscription de Primus. Ainsi :

Primus, créancier héréditaire diligent, ...	15,000
Secundus, créancier hypothécaire inscrit, ...	15,000
Tertius, créancier négligent, . . .	»
Montant de l'immeuble héréditaire.	30,000

Ce système me paraît faire l'application exacte de tous les principes posés au début de ce chapitre.

Au cas où il y aurait des légataires, on appliquerait les mêmes principes qu'on ferait concorder avec la maxime *nemo liberalis nisi liberatus*.

Supposons le conflit suivant :

Primus légataire inscrit dans les six mois pour 20,000 fr. sur un immeuble héréditaire de 34,000 fr., Secundus créancier hypothécaire de l'héritier inscrit pour 10,000 fr., et Tertius créancier négligent du défunt inscrit postérieurement pour 20,000 fr. On dira : si Primus et Tertius avaient été diligents tous deux, Tertius aurait pris d'abord 20,000 fr., et Primus les 14,000 fr. restant. Primus dans tous les cas, prendra donc 14,000 fr., Secundus, le créancier hypothécaire, profitera de la négligence de Tertius et prendra le montant intégral de sa créance 10,000 fr.; il restera 10,000 fr. à Tertius; ainsi :

Primus, légataire diligent. . . . 14,000 fr.
Secundus, créancier hypothécaire de l'héritier. 10,000
Tertius, créancier du défunt négligent. 10,000
Montant de l'immeuble héréditaire 34,000 fr.

Ainsi, pour résumer les effets de la séparation des patrimoines, on peut dire qu'elle agit à l'encontre de tous les créanciers de l'héritier quels qu'ils soient; et que ceux-ci ne peuvent venir sur les biens de la succession qu'après l'entier désintéressement des créanciers héréditaires qui se sont conformés aux conditions énumérées dans ce travail.

Je veux ajouter cependant qu'il est certains créanciers de l'héritier qui pourront passer avant les créanciers du défunt sur les biens de la succession. Ce sont ceux qui ont conservé ou augmenté le gage commun séparé du patrimoine de l'héritier : de ce nombre sont les frais de justice (2101, 1°) et les architectes, entrepreneurs, etc... qui sont privilégiés par l'art. 2105 sur la plus-value procurée à la chose. Mais on peut considérer qu'il n'y a pas là une véritable exception au principe, car en conservant, en augmentant le gage commun, ils peuvent être considérés comme devenus créanciers de la succession.

Enfin il reste pour terminer ce chapitre à examiner si les créanciers héréditaires, après avoir
épuisé le patrimoine du défunt pourraient revenir
sur celui de l'héritier pour ce qui leur reste dû.
On a déjà vu cette question en droit romain, où
Paul et Ulpien soutenaient que ceux qui s'étaient
artés de la personne de l'héritier ne pouvaient
rien prétendre sur les biens personnels, tandis
que Papinien pensait qu'ils pouvaient encore s'a-
dresser à l'héritier, mais lorsque les créanciers
personnels de celui-ci avaient été désintéressés.
La question telle qu'elle était posée en droit romain n'est plus discutée sérieusement sous l'empire du Code, elle ne l'était même pas dans l'ancienne jurisprudence. Tout le monde convient
que les deux patrimoines ne sont pas séparés entièrement et définitivement, et que les créanciers
du défunt ne se sont pas écartés à jamais de la
personne de l'héritier. Mais ce qui est l'objet
d'une grave controverse, c'est la question de savoir
si les créanciers héréditaires doivent attendre,
pour se faire payer sur les biens personnels de
l'héritier, que les créanciers de ceux-ci aient été
entièrement désintéressés, ou s'ils peuvent concourir tous ensemble sur ces mêmes biens.

Dans un premier système (1), on soutient que
les créanciers héréditaires peuvent toujours,
après avoir épuisé les biens du défunt, concourir

(1) M. le président Nicias Gaillard, *Revue critique*, t. X, p. 193
et suiv.; — Aubry et Rau, §619, 5°, c.; — Demolombe, t. V, n° 220;
— Barafort, n° 221.

avec les créanciers de l'héritier sur ceux du défunt. Ce système s'appuie sur les considérations suivantes :

1° La séparation des patrimoines est un véritable privilége, et l'héritier reste toujours obligé sur ses biens personnels ; or un créancier privilégié sur certains biens ne perd pas le droit de concourir avec les autres créanciers, pour ce qui lui est dû, sur les autres biens de son débiteur. Défendre ce concours aux créanciers héréditaires serait rétorquer contre eux le bénéfice introduit en leur faveur.

2° L'art. 881 défend d'accorder la séparation des patrimoines aux créanciers personnels de l'héritier, or permettre à ceux-ci d'exclure les créanciers héréditaires du patrimoine de leur débiteur, tant qu'ils ne sont pas entièrement désintéressés, serait leur accorder une véritable séparation des patrimoines.

3° Les créanciers de l'héritier ne sauraient invoquer, en faveur de la conservation exclusive de leur gage, une sorte de réciprocité résultant de la conservation du gage des créanciers du défunt ; car cette réciprocité n'a pas de base et les créanciers de l'héritier seraient mal avisés de se plaindre, puisqu'ils ne sauraient avoir plus de droits que l'héritier lui-même, lequel n'en avait que sur ce qui restait déduction faite des dettes et charges.

Dans un deuxième système (1) que j'adopte, les

____

(1) Malleville sur l'art. 878 ; — Marcadé, art. 880 ; — Mourlon, t. II, p. 192 ; — Dollinger, *loc. cit.*, p. 159.

créanciers héréditaires ne peuvent venir sur les biens personnels de l'héritier que lorsque les créanciers personnels de celui-ci ont été entièrement désintéressés.

Ce système s'appuie sur les considérations suivantes :

1° La séparation des patrimoines n'est pas un véritable privilége ; sans doute l'héritier reste toujours personnellement obligé envers les créanciers du défunt, mais il n'en est pas moins vrai que la séparation a pour but essentiel et unique de conserver aux créanciers du défunt leur gage, comme si le défunt vivait encore, mais sans améliorer pour cela leur position primitive. Or accorder aux créanciers du défunt, en outre de la réserve exclusive du patrimoine du défunt, le droit de concourir sur les biens personnels de l'héritier avec les créanciers de celui-ci, c'est améliorer leur condition d'une façon très-notable et qui est essentiellement contraire à l'origine et à la nature du droit de séparation. Dans l'ancien droit (1) on était unanime pour exclure les créanciers du défunt des biens personnels de l'héritier, tant que les créanciers de celui-ci n'avaient pas été entièrement désintéressés. Et d'ailleurs est-ce que le terme même de *séparation des patrimoines* n'implique pas la distinction des gages, au moins dans les rapports des créanciers héréditaires et de

(1) Lebrun, liv. IV, ch. II, sect. 1re, nos 26 et 27 ; — Pothier, *des Success.*, ch. V, art. 4, et Introd. à la Cout. d'Orléans, liv. XVII, n° 119 ; — Domat, *Lois civiles*, liv. III, tit. 2, sect. 1re, n° 9.

ceux des créanciers de l'héritier? Le Code, il est vrai, n'a pas tranché explicitement notre question, mais, au moins, il a rétabli la séparation des patrimoines et, en présence de son silence, il faut nécessairement présumer qu'il a maintenu à ce bénéfice ses anciens caractères. Aussi est-il très-arbitraire de déclarer que c'est là un privilége à tous les points de vue. On peut même trouver la preuve du contraire dans le Code ; car si les créanciers héréditaires cherchaient à se faire payer sur les biens personnels de l'héritier avant d'avoir épuisé les biens du défunt, ils encourraient certainement la déchéance de l'art. 879, et seraient censés avoir renoncé tacitement au bénéfice de la séparation. Or cette présomption de renonciation ne vient-elle pas précisément de ce que les gages des deux classes de créanciers sont séparés, tout au moins dans les rapports qu'ils ont entre eux ; car au regard de l'héritier, comme je l'ai déjà répété plusieurs fois, la séparation n'a pas d'effet. L'art. 879 est donc en contradiction évidente avec ce point de vue sous lequel on envisage la séparation des patrimoines comme un véritable privilége.

2° L'art. 881 est complétement étranger à la question présente, la preuve en est que Pothier, qui n'admettait pas le concours des deux classes de créanciers sur les biens de l'héritier, posait déjà en principe que les créanciers personnels de l'héritier ne peuvent demander la séparation des patrimoines. Il en était de même en droit romain.

La règle, que les créanciers de l'héritier ne sont pas admis à demander la séparation signifie simplement qu'ils ne peuvent pas prendre les devants pour faire séparer le patrimoine de leur débiteur d'une succession mauvaise : mais, la séparation demandée par qui de droit, il en résultera accessoirement et nécessairement que ce patrimoine leur sera réservé jusqu'à l'entier payement de leurs créances ; de même que lorsqu'un héritier obtient par le bénéfice d'inventaire de ne pas être tenu *ultra vires* et sur ses biens propres, il en résulte que les créanciers de la succession obtiennent l'attribution exclusive des biens héréditaires comme gage ; et cependant il est bien certain qu'ils ne pourraient eux-mêmes obtenir le bénéfice d'inventaire.

3° La réciprocité sur laquelle les créanciers personnels se fondent pour écarter les créanciers du défunt est bien réelle : les premiers disent, en effet, « si vous n'aviez pas invoqué la séparation des patrimoines, vous seriez venu au marc le franc, il est vrai, sur les biens de notre débiteur ; mais nous serions venus, en revanche, au marc le franc avec vous sur les biens du défunt. Par conséquent si vous obtenez, outre la séparation de votre gage, le droit de prendre sur le nôtre avant que nous ne soyons désintéressés, vous nous causez un préjudice considérable. » Quant à cette idée que les créanciers de l'héritier ne peuvent se plaindre parce qu'ils ne peuvent avoir plus de droits que l'héritier lui-même, lequel n'en avait que sur ce qui restait, déduction faite des dettes et charges, j'ai déjà cherché à démontrer qu'elle était incompréhensible : la vérité est que l'héritier ne prend l'actif héréditaire qu'avec le passif, d'où il suit que les biens ne lui passent qu'à la charge de payer les dettes, mais ce principe, qui n'a rien de spécial à la séparation des patrimoines, n'empêche pas qu'en principe les créanciers héréditaires comme ceux de l'héritier ne viennent au marc le franc et ne puissent pas opposer à ces derniers la maxime *non sunt bona nisi deducto aere alieno*, dont toute la portée est de faire peser sur l'héritier une obligation purement chirographaire.

APPENDICE.

DE L'INFLUENCE DE LA FAILLITE DE L'HÉRITIER SUR LA SÉPARATION DES PATRIMOINES.

L'art. 448 du Code de commerce ne permet d'inscrire les priviléges et hypothèques valablement acquis que jusqu'au jugement déclaratif de faillite. Cet article a-t-il pour effet de modifier les droits des créanciers d'une succession échue à un failli? ont-ils perdu le droit d'inscrire leur privilége après la déclaration de la faillite, même s'ils sont dans les six mois de l'ouverture de la succession? On l'a soutenu (1) en se fondant sur les termes exprès de l'art. 448. Je ne le pense pas : la séparation des patrimoines n'est pas un véritable privilége. L'objet même de ce bénéfice démontre que la déchéance de l'art. 448 ne saurait être opposée aux créanciers héréditaires; en effet, c'est pour les protéger contre l'insolvabilité de l'héritier que la séparation leur a été accordée; et c'est justement lorsque cette insolvabilité est devenue notoire qu'on leur enlèverait la faculté de se faire inscrire que l'art. 2111 leur impartit d'une façon absolue! D'ailleurs si l'art. 448 a voulu que le sort des créanciers de l'héritier fût fixé d'une façon définitive à partir du jugement déclaratif de faillite, c'est qu'il leur

(1) Dollinger (loc. cit.) p. 138 et seq.

a été loisible de prendre leurs précautions auparavant et que l'infortune du débiteur, *qu'ils ont choisi*, étant devenue notoire, il est juste qu'ils ne puissent acquérir des causes de préférences les uns à l'égard des autres ; mais ces raisons ne s'appliquent point aux créanciers du défunt qui n'ont point traité avec le failli dont l'état était peut-être même déclaré déjà au moment de l'ouverture de la succession, et qui tiennent de la loi même la séparation de leur gage de celui de l'héritier.

La déclaration de la faillite n'aura d'influence sur la séparation des patrimoines que lorsque le délai de six mois sera expiré ; les créanciers héréditaires conserveront bien, il est vrai, le droit de se faire inscrire, mais leur droit n'aura plus d'effet qu'à sa date, aux termes de l'art. 2113, et sera dès lors primé par l'hypothèque des créanciers de la faillite qui date du jugement déclaratif même. Cette hypothèque ne paraît plus devoir être contestée sérieusement depuis la nouvelle rédaction de l'art. 517 Code de comm., telle qu'elle résulte de la loi de 1838 et combinée avec l'art. 496 C. comm. (1).

(1) Voy. en ce sens : Rivière, *Revue critique*, n° de déc. 1859, et Cass. req. 29 déc. 1858. — En sens contraire : Pont, sur l'art. 2146, C. N.

POSITIONS.

DROIT ROMAIN.

I. Le bénéfice de la séparation accordé relativement au pécule castrense doit être étendu au pécule quasi-castrense.

II. Les créanciers conditionnels ne peuvent obtenir la *missio in possessionem* qu'en vertu de l'effet collectif de ce bénéfice.

III. L'innovation due à Auguste et mentionnée à la loi 2, *de origine juris*, ne privait pas du *droit de respondere de jure* les jurisconsultes qui n'en avaient pas reçu la concession impériale.

IV. Cette concession impériale du *jus respondendi* ne rendait pas obligatoires pour le juge les avis donnés en vertu de cette concession.

V. Il n'y a pas lieu de distinguer les prudents répondant de leur vivant *de jure*, d'autres prudents auxquels une permission *jura condendi* aurait été accordée après leur mort, et qui seraient la véritable source législative.

VI. L'édit perpétuel d'Hadrien a la force d'une

loi, et non pas seulement pour une année, mais *in infinitum*; les préteurs conservent l'*edicendi potestas*, mais ils sont contraints de reproduire l'édit perpétuel dans leur édit annuel, et pour les cas imprévus, ils jugeront d'après les principes et les analogies tirées de l'édit d'Hadrien.

VII. Le sénatus-consulte d'Hadrien, dont parle Gaïus (C. II, § 57), est applicable même à celui qui a usucapé *pro haeredem* de bonne foi.

VIII. *L'animus novandi* est étranger à la théorie primitive de la novation, il n'a été exigé que postérieurement à Gaïus.

IX. La novation par changement d'objet n'existait pas en droit romain.

DROIT FRANÇAIS.

I. La séparation des patrimoines n'engendre pas un droit de suite.

II. Il n'est pas nécessaire de demander la séparation des patrimoines.

III. Le bénéfice d'inventaire produit bien les effets de la séparation des patrimoines ; mais, lorsqu'il prend fin par la renonciation ou la déchéance de l'héritier, la séparation cesse également.

IV. La séparation des patrimoines ne fait pas obstacle à la division des dettes.

V. Les créanciers héréditaires ne peuvent venir sur les biens personnels de l'héritier que lorsque les créanciers de celui-ci ont été désintéressés.

VI. Les créanciers du défunt ne sauraient contraindre l'héritier, à titre de mesure conservatoire, à donner caution, à consigner les deniers de la succession, ou à en faire des placements hypothécaires.

VII. La séparation des patrimoines est opposable au Trésor qui réclame le placement des droits de mutation.

VIII. En cas d'absence, tous les intéressés peuvent sans distinction demander l'envoi en possession provisoire.

IX. Les enfants naturels reconnus peuvent être adoptés par leurs parents naturels.

X. Les aliénations faites par l'héritier apparent ne sont pas valables.

XI. Les donations déguisées sont sujettes au rapport.

XII. L'héritier qui accepte purement et simplement est tenu des legs *ultra vires successionis*.

XIII. L'enfant naturel et le conjoint survivant sont tenus des dettes *ultra vires successionis.*

XIV. Les légataires universels ou à titre universel sont tenus des dettes *ultra vires successionis.*

XV. L'art. 2188 implique la résolution rétroactive du titre de l'acquéreur.

DROIT DES GENS.

I. Les meubles appartenant à un agent diplomatique, mais en sa qualité diplomatique, peuvent être saisis pour le payement de ses dettes.

II. Les tribunaux français sont compétents pour connaître des crimes ou des délits commis à bord d'un navire de commerce étranger mouillé dans un port français, lorsque ces crimes ou ces délits commis entre les gens de l'équipage, ont troublé la sécurité du port, ou que l'intervention de l'autorité française a été réclamée.

DROIT PUBLIC ET ADMINISTRATIF.

I. L'exercice de la profession d'avocat est une faculté de droit public que la prétendue règle, *l'ordre est maître de son tableau* ne saurait paralyser.

II. Quand même une ville a été déclarée en état de siége, il peut cependant y avoir lieu à réclamer une indemnité à l'État par suite des mesures prises pour la défense de la place, si le dommage résultant de ces mesures n'a pas été causé en présence de l'ennemi.

III. En matière de travaux publics, le conseil de préfecture est compétent pour statuer sur les réclamations de particuliers qui se plaignent de dommages *permanents*.

PROCÉDURE CIVILE.

I. La tierce opposition est un moyen d'attaque qui n'est pas la simple mise à exécution de l'art. 1351.

II. Lorsque la communication au ministère public, exigée dans un intérêt d'ordre public (art. 83, 3°, 4° et 5°, C. pr.), n'a pas eu lieu, la voie de la requête civile est ouverte au profit de celle des parties qui succombe, sans aucune distinction.

HISTOIRE DU DROIT.

I. Sous la monarchie franque, le principe de la personnalité des lois avait pour effet de faire régir chaque individu par sa loi d'origine et non par celle de son choix.

II. L'édit, qui porte le nom d'un prince franc, nommé Clotaire, est émané de Clotaire II, et non de Clotaire 1er.

DROIT PÉNAL.

I. Le *même fait* dont parle l'art. 360 du Code d'instruction criminelle est la même incrimination et non le même fait matériel.

II. L'identité des parties n'est pas, en matière criminelle, un élément nécessaire de l'exception de la chose jugée.

Vu,
COLMET D'AAGE.

Vu par le *Président de la thèse,*
C. BUFNOIR.

Vu et permis d'imprimer,
Le Vice-Recteur de l'Académie de Paris,
A. MOURIER.

TABLE DES MATIÈRES.

—

CODE CIVIL.

Paris. — Imprimerie de E. Donnaud, rue Cassette, 9.

9 782014 439502